Virgil Armstrong

Der Armstrong Report

Außerirdische und UFOs

- Sie brauchen uns, wir sie nicht -

G. Reichel Verlag

Titel der Orginalausgabe:
The Armstrong Report, "ET's & UFO's - They need us, we don't need them"

G. Reichel Verlag, Reifenberg 85, 91365 Weilersbach
Tel. 09194-8900, Fax 09194-4262

1. Auflage 1993
2. Auflage 1995

Übersetzt aus dem Amerikanischen
von Birgit Jacobsen - Farber

Umschlagbild: Urheber unbekannt

Satz und Gesamtherstellung: G. Reichel Verlag
Drucken und Binden: Rosch-Druck, Bamberg

ISBN 3-926388-24-2

Inhaltsverzeichnis

Widmung

Ich widme dieses Buch den vielen Menschen, die so mutig versuchten, die Welt über die Existenz der UFO's aufzuklären und darüber, daß wir nicht allein im Universum sind. Möge dieses Buch ihre Anstrengungen würdigen, die unverständliche Mauer durchbrechen und die Verschwörung innerhalb der amerikanischen und anderen Regierungen aufdecken. Möge es ebenfalls ein neues und gemeinschaftliches Verständnis zwischen den Menschen, ihren Regierungen und den Außerirdischen schaffen. Ein Verständnis, in dessen Licht wir erkennen, daß alles nur ein Spiel ist, aber ein tödliches!

Besonderen Dank an:

Jane, die Phönizierin
Robert Shapiro
John Lear
Jackie Harvey
das Plejaden Projekt
und alle anderen, die mich inspirierten,
dieses Buch zu schreiben.

Vorwort

Dieses Buch entstand in der Hoffnung, Verbindungen zwischen einigen der unzusammenhängenden Fakten und Spekulationen herzustellen, die die Außerirdischen und die UFO's umgeben. Viele der Fakten rufen in diesem Bereich ständig Verwirrung hervor. Das Feld der Ufologie ist sehr komplex und verändert sich fortwährend, was zum großen Teil auf die Gefühlsschwankungen und Handlungsweisen derjenigen zurückzuführen ist, die Informationen zu diesem Thema veröffentlichen. Dennoch gibt es zuverlässige Tatsachen, mit denen wir uns vertraut machen sollten.

Es gibt Menschen, die es aus eigenem Interesse gern sähen, wenn wir den UFO's mehr oder weniger gleichgültig und oberflächlich gegenüberstünden. Aber dieses Verhalten muß sich ändern, weil das Spiel und sein Endergebnis weitaus gefährlicher sind, als man sich vorstellen kann. UFO's und alle verwandten Themen sind durchaus ernst zu nehmen und nicht oberflächlich zu behandeln. Dies wird Ihnen während des Lesens dieses Buches immer klarer werden!

Ich möchte den Titel **"Außerirdische und UFO's; - sie brauchen uns, wir sie nicht"** näher erläutern. Diese Behauptung betrifft die Außerirdischen und UFO's unter uns, denen unser Wohl nicht am Herzen liegt; und die, die sich auf dem Weg der Selbstzerstörung befinden. Aufgrund ihres Mißbrauches und ihrer Unausgeglichenheit auf dem Gebiet der Spiritualität versuchen sie - und das erfolgreich - uns zu benutzen und auszubeuten. So wollen die Außerirdischen wiedererlangen, was sie verloren haben, nämlich ihre Menschlichkeit und Spiritualität.

Als Menschheit eines Planeten müssen wir einen Weg finden, sie aufzuhalten. Die meisten unbekannten Flugobjekte, ob sie der Regierung, den Wächtern oder den Außerirdischen angehören, sind freundlich; sie werden nichts tun, was unseren freien Willen oder die Körper-Seele-Geist-Einheit beeinträchtigt. Dies trifft für die negativen Außerirdischen nicht zu!

In dem sich jetzt abzeichnenden Kampf ist es notwendig, die Kräfte des Lichtes anzurufen. Durch Glaube und Spiritualität können wir die Hilfe der Wächter erbitten, um auf ehrliche und aufrechte Weise mit den negativen Außerirdischen fertig zu werden und sie in eine andere Richtung zu dirigieren. Dieses wird nur geschehen, wenn wir in Gebet, Meditation und angewandter Spiritualität angemessen darum bitten.

Bis sich eine befriedigende Lösung abzeichnet, müssen wir unseren Glauben festigen; und zwar bevor die Wächter an unserer Stelle eingreifen. Einschreiten aber werden sie!

1. Kapitel

Die erste Aufbringung eines UFOs in den USA

Unsere Geschichte beginnt im Jahr 1948 mit der 82. Luftwaffendivision in Fort Bragg, North Carolina. Zu dieser Zeit war ich ein junger Hauptmann. Mir war die Aufsicht über alle atmosphärischen Phänomene, über die fotografische Aufklärung sowie fotografische Erstellung von Geländemodellen übertragen worden.

Meine berufliche Laufbahn befähigte mich, diesen Arbeitsbereich zu übernehmen, da ich bereits während des 2. Weltkrieges als Geheimdienstoffizier aktiv gearbeitet hatte. Während dieses Einsatzes, der eine Vorbereitung zur Rückkehr zum CIA war, wurde ich vorübergehend zur neu aufgestellten Luftwaffe beordert, die noch wenige Monate zuvor die Luftwaffentruppe des 2. Weltkrieges gewesen war. Mein Auftrag lag darin, gemeinsam mit anderen qualifizierten Offizieren und in Verbindung mit dem Luftwaffenpersonal die Brauchbarkeit neuentwickelter Düsenjets zur Luft-Boden-Gefechtsfeldunterstützung zu testen. Während dieser Tests erhielten Geheimdienstoffiziere der Luftwaffe und ich per Telex die Nachricht vom 3. Armee-Hauptquartier, daß ein unidentifiziertes Flugobjekt (UFO) auf dem White Sands Testgelände, New Mexico, gelandet war.

Keiner von uns hatte jemals zuvor den Begriff UFO gehört und so verursachte das Telex beachtliche Aufregung unter denen, die Sonderrechte oder Zugang hatten zu diesen speziellen Informationen. Ich gehörte zu denen, die

die Bedingungen eines Top-Secret-Zugangs erfüllten und auf jeden Fall informiert werden mußten. Es waren aufregende Zeiten, die den manchmal so langweiligen und ermüdenden Dienst bezüglich der oben genannten Testreihen in den Schatten stellten.

Die Reihenfolge der verschlüsselten Ereignisse lautete:

* Die ersten Informationen verlauteten, daß die Fliegende Untertasse gesichtet wurde, als sie in das Testgelände eindrang. Spätere Anzeichen sprachen dafür, daß sie ganz sanft inmitten des Komplexes gelandet war.
* Als die Beobachtungen ergaben, daß sie vollkommen stillstand und sich auch keine weiteren Anzeichen von Aktivität oder Leben an Bord zeigten, wurde sofort eine Sicherheitsabordnung zum Schauplatz ausgesandt.
* Nach Ankunft der Abordnung wurde die Annahme von nicht vorhandenen Lebenszeichen bestätigt. Das Schiff schien unversehrt.
* Die Sicherheitskräfte blieben weiterhin sehr wachsam; man kam jedoch nach einer für angemessen gehaltenen Zeit zu dem Schluß, daß es tatsächlich kein Leben an Bord gab.
* Diese Schlußfolgerungen zogen Vorbereitungen für das Eindringen ins Schiffsinnere nach sich. Der Erfolg blieb vorerst versagt, da die Schiffshülle anscheinend keine Nähte hatte und auch sonst undurchdringbar schien. Wie das Glück oder die Vorsehung es wollten, öffnete sich ganz unvermittelt durch die Berührung eines unsichtbaren Knopfes mittels einer langen Stange eine Luke, von der Stufen in das Schiffsinnere führten.
* Während des Betretens wurden fünf sehr kleine humanoide Körper gefunden, die in enganliegenden, sil-

bernen Uniformen steckten; Uniformen wie Raumanzüge, nur enger. Zwei der Individuen trugen Rangabzeichen, die sie aller Wahrscheinlichkeit nach als Kommandant und stellvertretender Kommandant auswiesen. Das von uns als Kommandant erkannte Wesen war ca. 1,20 m groß, die anderen nicht größer als ca. 1 m. Die Körper wurden zusammen aus dem Raumschiff in das neue Hauptquartier der Luftwaffe, dem Luftwaffenstützpunkt Wright Patterson, gebracht.

Nach der Ankunft wurden sie ausführlich und gründlich untersucht. Es kamen recht aufschlußreiche Daten zum Vorschein:

1. Ihre Köpfe waren im Vergleich zu ihren Körpern übergroß; sie hatten keine Haare. Die Ohren, Nase und der Mund waren sehr zurückentwickelte Überreste von dem, was sie einmal gewesen sein konnten. Dort, wo einst die Nase saß und anstelle der Ohren befanden sich nur noch Öffnungen. Alle diese Teile der Körper wiesen einen hohen Grad der Verkümmerung auf. Ähnliches wurde bei der Untersuchung der inneren Organe festgestellt, die menschlicher Natur waren, ähnlich den unseren, nur ebenfalls in einem Zustand der Verkümmerung. Offensichtlich nutzten die Wesen die inneren Organe sowie Ohren, Nase und Mund bereits seit langer Zeit für ihre Lebensform nicht mehr. Sehr wahrscheinlich kommunizierten sie durch mentale Telepathie und nutzten die Möglichkeit der Elektromagnetik für ihre alltägliche Existenz. Bevor nun die Körper untersucht werden konnten, mußten die hauteng anliegenden Anzüge entfernt werden.

2. Die Anzüge bildeten ein kleines Problem, da keine sichtbaren Knöpfe, Reißverschlüsse oder andere Öffnungsmöglichkeiten gefunden werden konnten. Der Versuch, die Anzüge mit Scheren aufzuschneiden, gelang ebenfalls nicht. Erst Blechscheren ermöglichten die Entfernung dieser Bekleidung. Das Material verhielt sich in seiner Konsistenz und Natur vollkommen unterschiedlich zu dem, was wir auf der Erde kennen: sehr leicht und dünn, dabei äußerst strapazierfähig; es widerstand allen äußeren Einflüssen.
3. Obwohl die Körper humanoid waren und zu den Zweibeinern gehörten, hatten sie anstelle der gewöhnlichen fünf nur vier Finger und Zehen.
4. Die Untersuchung des aufgebrachten Fahrzeuges ergab, daß es ungefähr 30 Metern im Durchmesser und eine Höhe von ca. 6 Metern hatte. Den Innenraum hatten sie entgegen unserer Erwartung sehr steril gestaltet, alle Funktionen und Steuerungsmerkmale waren computerisiert und an den Wänden des Kontrollraumes montiert. Da das Raumschiff so groß war, daß es in keinem Transportflugzeug Platz fand, einigte man sich darauf, es in einzelne Sektionen zu zerteilen und nach Wright Patterson zu fliegen, um es dort wieder zusammenzusetzen und gründlich zu erforschen.

Der Plan, das Schiff aufzuschneiden, wurde sofort in Angriff genommen, aber zum Erstaunen und Ärger aller widerstand die Außenhaut des Flugobjektes sämtlichen Auftrennversuchen, selbst der Einsatz von Azetylen-Schweißbrennern blieb erfolglos. Zu guter Letzt stellte man alle Bemühungen ein, da sich nichts als hilfreich erwies. Andere Experimente, wie z.B. ein Schlag auf die

Oberfläche des UFO's mit einem ca. 8 Kilogramm schweren Vorschlaghammer, der nur zurückfederte, hinterließen weder Eindrücke noch Beulen oder Schrammen. Hierbei ist zu bedenken, daß die Außenhaut des Schiffes dünner war als normales Zeitungspapier.

Unser gegenwärtiges Dilemma schuf nun größere Probleme: wie kompromißlos Geheimhaltung bewahren und dabei noch die intakte Untertasse zu Wright Patterson hinbefördern? Was dann folgte, sollte eines der bestgehüteten Geheimnisse unserer Zeit werden: Das Raumschiff wurde buchstäblich bei Nacht über Land nach Wright Patterson gebracht. Man kann sich den Grad der Koordination auf lokaler, bundesstaatlicher und nationaler Ebene kaum vorstellen, die Kräfte ins Spiel brachten, welche zu lebenslangem Stillschweigen verurteilt waren.

Als ich über die Jahre hinweg diese Begebenheit an die Öffentlichkeit brachte, wandten sich ehemalige Techniker und pensionierte Angehörige des Militärs an mich, um mich - anonym - darüber zu informieren, daß sie an dieser Bergungsoperation beteiligt gewesen waren. Sie baten mich, die wertvolle Aufklärungsarbeit fortzusetzen.

Gleichzeitig zu der Aufbringung der Untertasse ergab sich eine andere Entwicklung, es war ein ungewöhnlicher Zwischenfall, der von öffentlichem Beifall begleitet wurde. 1948, im Jahr der Bergung, erschien ein neues Magazin mit einer detaillierten, Punkt für Punkt aufgeführten Darstellung des Vorfalls. Die Zeitschrift hieß "Cornet" und erscheint zwischenzeitlich nicht mehr. Offensichtlich gelangten Mitarbeiter des Magazins an diese Exklusivmeldung und publizierten diesen Top-Secret-Zwischenfall in einem Leitartikel. Unnötig zu sagen, daß er sehr viel unterhaltsamer war als Kabelnachrichten oder

Telex-Botschaften. In der Annahme, daß nun das Geheimnis gelüftet sei, kauften alle von uns Ausgaben des Cornets, um mit unseren Angehörigen und Freunden darüber zu sprechen.

Diese unerwartete Wendung war jedoch von kurzer Dauer: Cornet wurde von der Regierung darüber informiert, daß sie die nationale Sicherheit gefährde. Falls sie nicht augenblicklich alle Exemplare wieder einziehe, drohe ihr Gefängnis oder Konkurs! Und in der Zwischenzeit wurden wir aufgefordert, die Ausgaben dieses Exemplars unverzüglich abzugeben, andernfalls kämen wir vor ein Militärgericht. Als hochmotivierter junger Offizier, der ich war, gab ich mein Exemplar sofort zurück. Anders als andere fragte ich meine Vorgesetzten, warum dies nötig sei. Es wurde mir gesagt, daß sie eine erneute Panik wie nach Orson Wells' Hörspiel "Invasion vom Mars" nicht wünschten. Anschließend wurde eine entschärfte Ausgabe dieses Magazins gedruckt und neu verteilt. Jahre später mußten wir einsehen, daß der ganze Zwischenfall eine massive Verschleierung und die Zeitungsaktion ein Mittel zum Betrug an und zur Kontrolle der Bevölkerung war. Während der langen Jahre, in denen ich Vorträge über dieses Thema hielt, machte ich die Bekanntschaft von vier Personen, die sich noch im Besitz eines Orginalexemplars des "Cornet" aus dem Jahr 1948 befanden.

Bevor ich den White-Sands-Vorfall abschließe, möchte ich noch von einem anderen UFO-Geschehen berichten, das sich 1947 zugetragen hat. Diese Begebenheit wurde als der Roswell-Fall bekannt und birgt einige Gemeinsamkeiten zu White Sands in sich. Der Roswell-Fall ist wahrscheinlich der umstrittenste und meist diskutierte

UFO-Vorfall, während der White-Sands-Zwischenfall mehr oder weniger in Vergessenheit geriet. Bemerkenswert sind die vielen Ähnlichkeiten zwischen den beiden Vorfällen, vor allem, was die Größe der Insassen und die Undurchdringbarkeit der Schiffsaußenhaut anging.

Wie in White Sands wurde sofort alles unternommen, um den UFO-Absturz zu vertuschen; im Gegensatz zu White Sands erreichte Roswell jedoch einen wachsenden Bekanntheitsgrad und bleibt bis heute einer der best dokumentierten Fälle in der UFO-Geschichte. Die Ursache hierfür liegt vielleicht darin, daß es zwischen dem 03.07.1947 und 05.07.1947 weltweit zu Sichtungen und darauffolgend zu Zeitungsberichten kam.

Wie Carl Sagan und Thorton Page in ihrem Buch "UFO's - eine wissenschaftliche Debatte" darlegten, gab es in den Jahren 1947 und 1948 insgesamt 278 UFO-Sichtungen in den Vereinigten Staaten. Von diesen waren nur 19 unidentifizierbar, vielleicht wieder einmal ein Versuch der Außerirdischen, uns klarzumachen, daß sie hier sind, um zu bleiben.

Privat habe ich oft über die deutlichen Unterschiede zwischen den beiden Untertassen-Vorfällen nachgegrübelt. Wenn der Roswell-Vorfall exakt überdacht wird, erkennt man schnell, was wirklich geschah. Es war ein Absturz. Dies bedeutet, daß auch deren Führungskräfte nicht perfekt, sondern fehlbar sind, so wie wir. Weshalb sonst sollten die Außerirdischen falsche Kalkulationen bezüglich ihrer Geschwindigkeit, Flughöhe und der Erdanziehungskraft anstellen und einzelne Maschinenteile über die gesamte neu-mexikanische Landschaft verstreuen, ganz zu schweigen von dem Verlust der Schiffsbesatzung? Offensichtlich unterlagen die Piloten des Raumschiffes oder diejenigen, die es vom Kommando-/Mutterschiff aus kontrollierten, einer Fehleinschätzung. Dies zumindest ist meine eigene Meinung.

Lassen Sie uns einen Vergleich anstellen und einen schnellen Blick zurück zu White Sands werfen: Hier haben wir eine sanfte Landung anstelle eines Absturzes. Es scheint fast so, als ob sie uns mitteilen wollten: Es tut uns leid, im letzten Jahr 1947 haben wir es vermasselt und gaben euch nur Stückchen und Teile von dem, was vorgesehen war. Dieses Jahr stellen wir sicher, daß ihr eine intakte Präsentation von fliegenden Untertassen und Insassen bekommt!

Ich möchte noch einmal auf die Körper der Besatzung zurückkommen. Als sie zuerst auf dem Raumschiff in Augenschein genommen wurden, fiel eine gewisse Unstimmigkeit auf: die Hautfarbe ihrer Körper war weiß, aber die ihrer Köpfe blau-violett. Dieser verblüffende Kontrast blieb ein Rätsel, bis man später herausfand, daß sich beim Eintritt des Raumschiffes in unsere Atmosphäre eine Luke geöffnet hatte und die fünf Insassen auf Grund des atmosphärischen Druckunterschiedes erstickten.

Ich komme zu dem Schluß, daß der White-Sands-Zwischenfall sehr genau geplant und wunderschön in Szene gesetzt worden war, um so das Roswell-Ereignis von 1947 zu korrigieren und zu Ende zu führen. Dies ist die Art der Außerirdischen, uns wissen zu lassen, daß wir nicht allein sind und daß eine größere Technologie existiert und ein geistiges Bewußtsein, das uns beobachtet.

2. Kapitel

Die außerirdische Bedrohung

Die Bedrohung der Menschheit kommt nicht, wie die Regierungen und manch andere uns glauben machen wollen, von außen. Tatsächlich ist eine Panik, wie sie durch das Hörspiel von Orson Welles "Invasion vom Mars" ausgelöst wurde, längst passé. Die Welt ist mehr denn je auf die Erkenntnis vorbereitet, daß Außerirdische nicht nur in der Einbildung existieren oder eine vorübergehende Modeerscheinung sind, sondern eine Realität darstellen. Eine Realität, mit der man sich aussöhnen und befassen sollte.

Der Anwesenheit von Außerirdischen nach außen hin, die sich hauptsächlich in Entführungen, Kontakten und generellen Sichtungen zeigt, wird viel Aufmerksamkeit geschenkt. All dies ist ein Bestandteil der Welt, in der wir leben und erweitert unser Wissen über ihre Präsenz; gleich, ob es UFO-Sichtungen sind, Männer in Schwarz oder räumliche Begegnungen. Was steckt dahinter? Was ist ihre wahre Absicht und was ihr Ziel, außer dem, uns bewußt zu machen, daß noch andere Welten und Formen von Intelligenz existieren? Dieses Wissen beinhaltet viele Aspekte!

Außerirdische können in zwei Kategorien eingeteilt werden: erstens diejenigen, die als die Wächter gelten, in unserem höchsten Interesse handeln und denen unser Wohlergehen am Herzen liegt, und zweitens jene, die uns glauben machen wollen, daß sie unsere Herren und Meister sind und verlangen, daß wir ihnen die Freiheit einräumen, unsere Körper, unseren Geist und unsere Seelen anzutasten. Um das Thema noch komplexer zu machen: diese Wesen sind nicht nur irgendwo da draußen; sie sind mitten unter uns und beeinflussen und stören unser tägliches Leben und Überleben! Jedoch ist dies nichts Neues - sie sind seit Tausenden von Jahren hier!

Glücklicherweise ist die Mehrzahl der Außerirdischen uns wohlgesonnen. Es sind dies die Wächter, und anscheinend sind sie denen, die nicht unser Bestes wollen, zahlenmäßig überlegen. Es gibt klare körperliche Unterscheidungsmerkmale zwischen beiden, aber sie sind für uns so fein, daß wir sie kaum erkennen können. Ironischerweise weiß der Erfahrenste auf diesem Gebiet und ein Großteil der Menschen nicht, mit wem sie es zu tun haben; sie spüren lediglich, ob eine gemachte Erfahrung gute oder schlechte Gefühle hervorruft. Behalten wir hingegen unser spirituelles Gleichgewicht, dann können diese Feinheiten - werden sie in den richtigen Zusammenhang gebracht - erkannt, beherrscht und sogar vermieden werden. Aber wie viele von uns können mit absoluter Sicherheit behaupten, daß sie von der materiellen Welt nicht unvorteilhaft beeinflußt werden und am Ende den Einflüsterungen und Manipulationen niederer Kräfte nicht doch unterliegen?

Erst wenn man den Außerirdischen von Angesicht zu Angesicht gegenübersteht, ist Vorsicht geboten. Man mag sich fragen: Wer sind sie? Wie kann man sie erkennen? Die Antwort ist nicht einfach, weil diese Wesen einem normalen Menschen gleichen und es zwischen ihnen Repräsentanten der guten und schlechten Rasse gibt.

In diesen äußerst schwierigen Zeiten gibt es nur einen Weg, der eine Verwicklung mit den negativen und feindlichen Elementen verhindert. Es ist der Weg der Liebe, des Lichtes und des inneren Gleichgewichtes, darin müssen wir uns bewegen, leben und denken. Diese Eigenschaften können eine schützende Rüstung sein und ziehen die Kräfte der Wächter an; jene, die für uns sorgen und auf uns achtgeben.

Nun zu den negativen Außerirdischen, die nicht unser Bestes im Sinn haben: zahlreiche Zeugnisse von Entführungsfällen haben mit sexueller Manipulation oder sexuellem Mißbrauch zu tun. Frauen berichten von vaginalen Vermessungen, Untersuchungen und entwürdigenden Manipulationen. Männer beschreiben ebenfalls Demütigungen, und sie bestätigen, daß ihnen gegen ihren Willen Samenflüssigkeit entnommen wurde oder sie zum Verkehr mit weiblichen Wesen gezwungen wurden. Für welchen Zweck? Wahrscheinlich zu Studien- und Forschungszwecken. Dehnen wir unser Vorstellungsvermögen noch etwas weiter aus, könnten wir zu dem Schluß kommen, daß diese Außerirdischen hoffen, humanoide, roboterartige Kopien von Menschen herzustellen und uns so durch sie zu ersetzen. Oder haben sie das - wie bereits angedeutet - schon getan? Und noch weit mehr als das?

Vielleicht ist diese Idee annehmbarer, wenn wir uns bewußt machen, daß wir Erdenbewohner in einem gewissen Maß kopierbar sind; so wie Salamander, Frösche und wohl möglich höhere Tierformen einschließlich des Menschen. Diesen Prozeß der Nachbildung nennt man klonen. Wäre das Klonen nicht von so tödlichem Ernst, könnten wir es "clownen" nennen. Denn damit verspotten und verhöhnen wir tatsächlich die universellen Gesetze der Fortpflanzung.

Obgleich ich später noch im einzelnen auf die Verwicklungen zwischen der Regierung und den Außerirdischen eingehen werde, möchte ich doch an dieser Stelle auf folgendes hinweisen: ich glaube fest daran, daß die Regierung Verbindungen zu Außerirdischen hat. Einen Beweis gibt es natürlich nicht, dennoch besteht der Verdacht. Wie immer ihre Verbindung zueinander sein mag, die Regierung ist nicht bereit, diese Information preiszugeben. So abwegig es klingt, aber es besteht die Möglichkeit, daß außerirdische Kontrolle diese Preisgabe verhindert. Äußere Anzeichen weisen darauf hin, daß wir indirekt an die Anwesenheit Außerirdischer gewöhnt werden sollen. Ob dies einseitig oder in Zusammenarbeit mit den Außerirdischen geschieht, bleibt für weitere Vermutungen offen. Diese Art des Denkens setzt voraus, daß Filme wie "DER TAG, AN DEM DIE ERDE STILLSTAND", "DIE UNHEIMLICHE BEGEGNUNG DER DRITTEN ART" "ET und ALIEN NATION" geschickte Versuche sind, uns darauf vorzubereiten, daß die Außerirdischen bereits hier sind und hier bleiben werden.

Ich bin der Auffassung, daß die Regierung der Vereinigten Staaten diese Filme stillschweigend befürwortet, sowie sehr wahrscheinlich die Produktion nicht nur duldet, sondern zusätzlich die Drehbücher beeinflußt und an der Finanzierung beteiligt ist. Das alles, um uns auf das kommende Geschehen vorzubereiten!

Eine noch erschreckendere Möglichkeit wäre, daß die Regierungen bereits völlig unter der Herrschaft und Leitung der Außerirdischen stehen. Ich möchte das nicht glauben, bringe diesen Punkt aber als Mutmaßung zur

Sprache. Diese Möglichkeit käme nicht gänzlich unwillkommen, könnten wir sicher sein, daß unsere amerikanische Regierung und andere besonnen und weitsichtig genug wären, sich an die annehmbaren Kräfte anzuschließen, nämlich an die Wächter! Bis man uns die Wahrheit sagt, können wir über den Wahrheitsgehalt all dessen nur Vermutungen anstellen.

Viele der Leser werden dieses Gedankengut sicherlich als puren Unsinn abtun. Ich möchte ihnen aber empfehlen, sich die Zeit zu nehmen die Geschichte der Ufologie zurückzuverfolgen. Sie werden schnell entdecken, daß es unter uns tatsächlich außerirdische Gemeinschaften gibt. Männer von großer Tapferkeit und Weitblick wie Colonel Wendelle Stevens, Len Stringfield, Trevor James Constable und andere, mich eingeschlossen, hatten direkte Begegnungen mit diesen außerirdischen Intelligenzen. Einer der wahrscheinlich profiliertesten Forscher in Sachen Aufdeckung Außerirdischer unter uns ist Colonel Wendelle Stevens. In einer höchst positiven und aufklärenden Weise beschrieb und dokumentierte er diese Wesen unter uns.

Ironischerweise kratzen seine Offenbarungen nur an der Oberfläche herum, denn es gibt viel mehr da draußen! In einigen seiner Bücher behandelt er Kontakte, wie z.B.: "Kontakt mit den Plejaden", "Kontakt mit Retikula", "Kontakt vom Meeresgrund" und andere. Meiner Meinung nach ist Colonel Stevens wahrlich der führende Kopf unter denen, die sich um die Dokumentation aller außerirdischen Präsenz und Aktivität hier auf Erden bemühen. Die Welt schuldet ihm Dank für seine sachkundigen, neues Wissen bringenden und aufklärenden Offenbarungen.

Len Stringfield, ein früher Pionier und Mann von großer Tapferkeit und Weitsicht, hat ebenfalls über die Jahre hinweg immer wieder Alarm geschlagen und auf mögliche Verbindungen zwischen der Regierung und den Außerirdischen hingewiesen. Im großen und ganzen übertreffen seine Enthüllungen die Vorstellungskraft des einfachen Menschen bei weitem. Seine Arbeit, obwohl auf Verlangen und aufgrund der Empfindlichkeit der Quelle anonym herausgegeben, ist unglaublich. In allem jedoch, was Springfield präsentiert, taucht ein bestimmtes Muster von Verwicklungen mit den Außerirdischen auf. Auch hier kann sich die Menschheit glücklich schätzen, jemanden wie Len Stringfield unter sich zu haben.

Unsere dritte Persönlichkeit ist Trevor James Constable, der 1976 ein höchst bemerkenswertes Buch mit dem Titel "Der kosmische Puls des Lebens" herausbrachte. Wiederum ein Mann von großem Wahrnehmungsvermögen, Mut und Voraussicht. Sicherlich hat er während seiner Arbeit an dem Buch nicht nur sich, sondern wahrscheinlich seine gesamte Familie in Gefahr gebracht. In jenen Tagen stand das Establishment den Personen, die öffentlich eine Manipulation und Kontrolle des gesamten Feldes der Ufologie von Seiten der Regierung her vermuteten, nicht gerade freundlich gegenüber. Dennoch gab er durchweg Alarm, was die unbeabsichtigten und absichtlichen Verwicklungen der Erde mit den Außerirdischen anbetraf.

Obwohl ein großer Teil seines Buches sich mit den Schikanen, grundlosen Kontrollen und dem Verhalten gegenüber einigen Größen der Ufologie-Forschung und spirituellen Wissenschaft durch die Regierung beschäftigt, geht er weder auf unsere aktuelle Situation noch auf die für uns gefährlichen Außerirdischen ein.

Bevor ich zu den bedrohlichen Außerirdischen komme, halte ich es für angebracht, noch einige andere Größen der oben erwähnten Wissenschaften zu nennen. Da gibt es Van Tassel, eine leitende Kraft in den frühen Tagen der UFO's; Dr. Ruth Drown, bestens bekannt durch ihr umfassendes Wissen und ihr Können auf dem Gebiet radioaktiver Zerfallsprozesse (scheinbar starb sie an einem Herzanfall, der durch die von der Regierung veranlaßten Schikanen und schlechten Behandlung ausgelöst wurde); Dr. Wilhelm Reich, Entdecker der Orgon-Energie, die eine der wesentlichsten Energiebausteine ist, um den Äther zu ergründen und zu überwachen. Dr. Reich starb in einem Staatsgefängnis unter mysteriösen Umständen. Nichts von dem wirft ein gutes Licht auf unsere damalige Regierung. Hoffentlich ist sie heute offener und bereitwilliger, UFO's und die spirituelle Wissenschaft zu akzeptieren!

Zurück zu den niederen Außerirdischen! Constables Handhabung dieser Angelegenheit birgt Gefahr in sich und lehnt sich eng an meine gegenwärtige Auffassung an. Noch enger ist seine Verbundenheit mit dem Denken und der Philosophie einer anderen Größe, nämlich Dr. Rudolph Steiner. Seit langem gehören Dr. Steiners Lehren und seine Philosophie zu meinen Lieblingsthemen, und ich verwende sie oft in meinen Vorträgen, Seminaren und Workshops. Zum Wohl der Menschheit hoffe ich, daß die Lehren von Dr. Steiner, Dr. Drown und Dr. Reich wohlwollend wiederbelebt werden, um so als Leuchtfeuer denen zu dienen, die im 21. Jahrhundert leben werden.

Constable stellt eine Verbindung zwischen den gefährlichen Außerirdischen und Steiners Kräften von Ahriman her, die ebenfalls nicht gerade das beste für den Planeten und seine Bevölkerung im Sinn haben. Das sind außerirdische Kräfte, grundsätzlich negativ und eine von den zwei Gruppen, von welchen ich sage: Sie brauchen uns, wir aber sie nicht! Obgleich das Göttliche keine Fehler macht und alle seine Geschöpfe einschließlich der oben genannten geschaffen wurden, um ihm und dadurch auch uns zu dienen, stellen die Ahriman-Kräfte und die niederen Außerirdischen Sie und mich trotzdem vor Probleme, und zwar genau jetzt!

Es ist der Ahriman-Kräfte selbstsüchtiger und ungemilderter Entschluß, uns auf der sicheren Reise nach Hause zum Entgleisen zu bringen. Ihre Verflechtung mit uns auf individueller und auf Regierungsebene könnte für die Verwirklichung eines höheren Bewußtseins durchaus das Einläuten der Totenglocke bedeuten. Gibt es einen besseren Weg als den, uns (einschließlich der Regierung) durch außerirdische Intelligenzen glauben zu lassen, sie wären unsere Ratgeber, Führer und vor langer Zeit verlorenen liebenden Brüder? Wie nützlich für sie, könnten sie die Weltregierung durch Schikane zu dieser Überzeugung führen! Undenkbar? Vielleicht; es lohnt sich jedoch, darüber nachzudenken! Bis die Regierung ehrlich und offen zu uns ist, bleibt dies ein schleichender Verdacht.

Trevor Constables Warnung vor den niederen Außerirdischen und Dr. Steiners Hinweis auf die Kräfte des Ahriman gebieten es, daß wir - individuell und gemeinsam - jederzeit wachsam sind. Dies ist besonders angebracht, da wir ein Planet und eine Menschheit sind, die sich der Vollendung nähern. Diese subtilen und heimtückischen

Kräfte machen uns aus diesem Grunde anfällig und gleichzeitig sehr verwundbar.

Kräfte wie die soeben geschilderten fallen unter die Kategorie: "Sie brauchen uns, wir sie nicht!"

In meiner Funktion als UFO-Forscher erkannte ich schon vor langer Zeit, daß nicht alle Außerirdischen gut sind! Viele Hindernisse mußten genommen werden, um dies zu beweisen. Erst vor kurzem befaßte ich mich intensiver und umfassender mit diesen Verstrickungen und gelangte zu der Erkenntnis, daß sie möglicherweise eine größere Bedrohung darstellen als zuerst angenommen. Dieser Erkenntnisprozeß begann, als mich eine sehr beliebte und bekannte UFO-Forschungs-Gruppe auf nationaler Ebene bat, ihr Sprachrohr zu werden und ihrer augenscheinlich stagnierenden Organisation neues Leben einzuhauchen. Obwohl geschmeichelt, lehnte ich ab. Ich fühlte, daß in dieser Gruppe etwas nicht stimmte. Rückblickend schulde ich ihnen Dank, da dieser Vorfall etwas in mir auslöste, das nach Befreiung rang: nämlich die Erkenntnis, daß in besonders vielen Fällen jene UFO/Außerirdischen-Kontakt-Gruppen nicht unbedingt das sind, was sie vorgeben zu sein.

Während dieser Zeit erkannte ich intuitiv, daß die Außerirdischen häufig, wenn sie uns ihre Anbindung an sie oder ihre Zusammenarbeit offerieren, dies aus eigenem Bedürfnis heraus tun. Für uns können diese Vorfälle manchesmal von sehr feiner, dabei jedoch irreleitender Natur und verführerisch gefährlich sein!

Wie ich bereits zuvor bemerkte, müssen wir zwischen zwei Gruppen von Außerirdischen unterscheiden, die beide Kontakt zu uns herstellen möchten; allerdings aus unterschiedlichen Motiven! Die erste Gruppe, die Ahriman-Kräfte, übertreffen sich selbst in ihrer Doppelzüngigkeit. Sie hoffen, unseren spirituellen Aufstieg sabotieren zu können und uns von der letztendlichen Erkenntnis abzulenken, daß wir nicht hierher gehören und es Zeit ist, heimzukehren - so wie es die liebenswerte Filmfigur ET tat. Obgleich diese Kräfte ihr Vorhaben durch subtile Methoden, wie z.B. individuelle Gedankenkontrolle, durchzusetzen versuchen, scheint mir die Infiltration und Kontrolle der Weltregierung ihr bester Treffer zu sein. Wenn dem so ist, fragt sich, welcher Grad bisher erreicht wurde. War ihre Täuschung bereits erfolgreich? Entspricht einiges oder alles der obigen Aussagen der Wahrheit, dann bin ich davon überzeugt, daß Regierungsbeamte, die in dieses Geschehen verwickelt sind, nicht in der Lage sind, Falsch und Richtig zu unterscheiden. Selbst wenn sie doch die Fähigkeit besäßen, gäbe es sicher Elemente, die sich zugunsten ihres Egos und der Selbstbereicherung weigern würden, die Wahrheit anzuerkennen. Wiederum liegt die Verantwortung hauptsächlich bei uns, einen Ausweg aus dem Dilemma zu finden; vorausgesetzt, einige oder alle Fakten entsprechen der Wahrheit (s. Nachtrag am Ende dieses Kapitels).

Unser zweites Beispiel betrifft Außerirdische, die nicht notwendigerweise negative Pläne mit uns haben, uns aber dennoch brauchen! Es sind frühere Erdzivilisationen, die uns im Stich ließen, als die Lebensbedingungen auf der Erde unhaltbar wurden. Sie suchten Zuflucht außerhalb und weit weg von unserem Planeten. Zufluchtsstätten wie die Plejaden, Andromeda, Arkturus - um nur einige zu nennen. Die Gründe für das Verlassen der Erde war reine

Überlebensstrategie, und wir, die wir hierbleiben mußten, hatten uns in diesen elenden Zeiten um uns selbst zu kümmern. Unglücklicherweise sorgten sie sich damals um unseren Planeten zuletzt; an erster Stelle stand die Sammlung der Creme-de-la-Creme, um mit ihnen an einem anderen Platz eine neue Rasse zu etablieren.

Heutzutage sehen wir, wie die Geschichte sich wiederholt, denn ich bin nicht so sicher, ob unsere gegenwärtigen Regierungen nicht ähnlich handeln würden, besonders unter dem Druck der unerbittlichen Realität des Treibhauseffektes. Sollte dieser Verdacht zutreffen, flehe ich die darin verwickelten Personen an, innezuhalten und das soeben Gesagte zu überdenken. Sie könnten ansonsten ebenfalls in dem gegenwärtigen Dilemma unserer außerirdischen Freunde enden. Für diejenigen, die dieses Gedankengut nicht verstehen: was wir sagen, ist, daß einige Außerirdische gegenwärtig Gefangene der dritten Dimension sind; sie luden Schuld auf sich, als sie damals aufgaben!

Mit der Aussage: "Sie brauchen uns, wir sie nicht!" erkläre ich intuitiv, daß ich um das Zurückgelassensein während einer Erdkrise durch diese fehlgeleiteten Wesen weiß. Als Resultat dieser vorsätzlichen Handlung bürdeten sich die ursprünglichen Frevler über die Jahrtausende schwere Lasten auf (Karma). Obwohl sie sich durch Fleiß geistig und technologisch prachtvoll entwickelten, fielen sie einem spirituellen Gedächtnisschwund zum Opfer und schnitten sich so selbst von der Möglichkeit ab, zur Quelle zurückzukehren, aus der sie entstammen. Obwohl im mentalen und materialistischen Sinne hoch entwickelt, sind sie durch ihren Mangel an Spiritualität behindert und praktisch Gefangene der dritten Dimension. Sie können nicht auf eine Rückgewinnung dessen hoffen, was sie einst verloren, ohne sich erneut mit uns zusammenzuschließen. Wir besitzen den wesentlichen Bestandteil, der für die große Umwandlung und für den Übergang von der dritten in die vierte Dimension notwendig ist: die Spiritualität. Wie mein Freund Bob Howard so treffend bemerkte: "Sie hinken hinter her!" Wie wahr!

Ich wünschte wirklich, es gäbe eine gerechtere Lösung. Mein Gefühl sagt mir, daß ein Stück kosmischer Geschichte vollendet wird und wir als Planet und Bevölkerung im Mittelpunkt stehen. Ich verstehe dieses ganze Geschehen als eine Warnung an die Regierungen der Welt, insbesondere an diejenigen, die darauf spekulieren, uns bei einer erneuten Unhaltbarkeit der Lebensumstände ebenfalls im Stich zu lassen. Ich hoffe auch, daß die Schilderungen über diese Außerirdischen und ihre Probleme zu einer Neubewertung führen: wer wir sind und wo wir als Bevölkerung und als Nation stehen; daß Spiritualität wieder zu unserem Hauptanliegen wird anstelle der Technologie und Intelligenz.

Die vielen außerirdischen Zivilisationen, die fälschlicherweise behaupten, unsere Förderer, Blutsverwandten oder uns überlegen zu sein, befinden sich in Wirklichkeit mehr in Not als wir: sie verloren ihre Spiritualität!

Es ist lobenswert, daß sie zu denen, die sie einst verließen, zurückkehren, aber sie sollten es in Aufrichtigkeit tun, ihre Fehler der Vergangenheit eingestehen und mit uns zusammenarbeiten. Wir können ihnen bei der Entwicklung von Spiritualität und Menschlichkeit helfen und sie uns bei der Weltraumtechnologie und Raumfahrt. Bei dieser Zusammenkunft würden beide Seiten immens gewinnen! Laßt uns ihren Fehlprämissen den Kampf ansagen, aber tut es in Liebe und Licht!

Der Einfluß der Ahriman-Kräfte kann sicherlich eliminiert werden, wenn die großartige Wiedervereinigung mit unseren Brüdern und Schwestern erfolgt, die uns vor so langer Zeit verließen. Große Anstrengungen und sorgsame Einsicht sind erforderlich!

Obwohl die gegenwärtige Zeit, genauso wie die zukünftige, gefährlich ist, scheint sie doch auch aufregend und voller Versprechen. Der Planet Erde und seine Bevölkerung mit ihren Regierungen besitzen den Schlüssel zu einer glänzenden und erleuchteten Zukunft.

Ich möchte noch auf eine weitere Art von Außerirdischen zu sprechen kommen, die uns heimlich benutzen, um ihre eigenen Bedürfnisse zu befriedigen. Diese Gruppe scheint uns weder direkt zu brauchen, noch wollen sie uns, so wie die anderen, ihren Willen aufdrängen. Anscheinend wünscht sie sich, oder vielleicht benötigt sie auch, unsere Hauptressourcen, vor allem unser Wasser und unsere Elektrizität. Einige von ihnen sind uns gegenüber von feindlicher und scheuer Natur und wollen nicht belästigt werden.

Tatsächlich scheint es so, als ob sie hierher geflüchtet wären; allerdings ist nicht klar, vor was! Sie fügen niemandem Schaden zu, es sei denn, sie werden unter Druck gesetzt oder angegriffen. Bei Bedrohung weichen sie normalerweise aus und fliehen. Sie sind von sehr verschlossenem, zurückgezogenem Wesen und versuchen, sich vor neugierigen Blicken zu verbergen. Einige von ihnen haben bemannte Raumschiffe, andere Schiffe können von biologischer Warte aus als organisch und lebendig bezeichnet werden. Trevor Constable zufolge entstammen die letzteren der plasmischen Aura, dem elektromagnetischen Feld der Erde.

Überlassen wir unserer Regierung das Zweifeln und hoffen wir, daß sie all den hier besprochenen Wesen gegenüber auf eine intelligente Weise handelt und unsere ureigensten Interessen sorgfältig vertritt, denn in der Vergangenheit war ihr Verhalten UFO's betreffend nicht gerade bewundernswert. Im Moment sind sie das beste, was wir haben und verdienen unsere, wenn auch wachsame, Unterstützung. Manchmal bin ich wohl überkritisch in Bezug auf die Regierung, allerdings ist mir die Inkompetenz der Bürokratie allzu bewußt. Die Frage lautet: In welcher Position befindet sich die Regierung? Ist sie integer und autark, oder wird sie von außerirdischen Kräften beeinflußt und dirigiert, die entweder gut oder böse sein können? Bis zu dem Zeitpunkt, an dem alle Heimlichkeiten aufgehoben werden, müssen wir im Ungewissen ausharren und unser Vertrauen nicht nur in Gott, sondern auch in die Regierungen setzen. Hoffen wir, daß sie geneigt sind, uns endlich anzuhören.

Sehr interessant sind auch unbestätigte Berichte, daß innerhalb der Regierungskreise - aufgrund verschiedener politischer Absichten - bezüglich der UFO's Meinungsverschiedenheiten herrschen. Anscheinend gibt es eine wachsende Anzahl von Personen, die der Bevölkerung diese Informationen zukommen lassen möchten; aber sie sind in der Minderzahl. Es wirkt ermutigend zu sehen, wie die in Opposition stehende Gruppe langsam zerfällt. In der Quintessenz wird sich die göttliche Kraft durchsetzen, und die Hartnäckigen, die sich nicht ändern können oder wollen, werden sich eines Tages ausgegrenzt und ausgeschlossen wiederfinden.

Von allen Nationen der Welt scheint die amerikanische Regierung sich einer nicht gerade beneidenswerten Position zu erfreuen. Sie manövrierte sich durch Unfähigkeit, Komplizenschaft und wiederholte Mißachtung der Wahrheit in eine Sackgasse; besonders, was ihre Machenschaften mit den UFO's, den Außerirdischen und der Öffentlichkeit anbetrifft. Dennoch: gestehen wir ihr eine angemessene Menge an Zeit und Raum zu! Hoffen wir, daß sie sich durch spirituelle Wunder oder Zauber, in denen sie schon immer mehr als geschickt war, von diesem ungünstigen Status zurückziehen kann und die Öffentlichkeit darüber aufklärt, ob und in welcher Verbindung sie zu den UFO's und den Außerirdischen steht.

Vielleicht liegt die Zeit der Wahrheitsverkündung gar nicht mehr so fern. Wie Sie in Kürze erfahren werden, könnte zum Vorschein kommen, daß die amerikanische Regierung sich in furchtbaren Nöten mit einer Gruppe von bösartigen Außerirdischen befindet, die sich, laut unbestätigten Berichten, den Wünschen der Regierung widersetzt, sowie in einigen Gemeinden der USA verheerenden Schaden anrichtet und Terror verbreitet. Falls diese Berichte der Wahrheit entsprechen, zeigt es sich, daß die Regierung selbst dieses Unheil über sich und nun auch über uns brachte. Sie tat dies durch ihren einseitigen Entschluß zur Zusammenarbeit mit den Außerirdischen. Diese beispiellose Tat wird in den folgenden Kapiteln ausführlicher besprochen. Wenn die obigen Aussagen ganz oder auch nur teilweise wahr sind, fordere ich die Regierung eindringlich auf, sich der Öffentlichkeit mitzuteilen und sich von den geeignetsten ihrer Bürger bei dieser Problemlösung helfen zu lassen. Ich bin der erste Freiwillige!

***

Vor der Veröffentlichung dieses Buches hatte ich dieses letzte Thema bei meinen Vorträgen angeschnitten. Bedauerlicherweise reagierten die Hörer auf diese Information meistens mit Angst und Unglauben. Ich schrieb es wirklich nicht in der Absicht, Angst zu verbreiten, sondern um zu informieren und eine Erweiterung des individuellen Denkens zu provozieren.

Offenbarungen wie diese sollen Sie dazu ermutigen, für sich selbst zu denken und zu handeln. Glauben oder folgen Sie nicht länger den Aussagen der Regierung, daß UFO's nicht real sind oder daß kein Kontakt zu Außerirdischen besteht.

Ungeachtet dessen, was die Zukunft uns bringt, jeder einzelne von uns wird überleben und obendrein das Beste bekommen, wenn wir in Wahrheit, Lauterkeit und in spiritueller Ausgewogenheit leben. Wir besitzen das Recht und die Verantwortung, die Regierung, die Wissenschaften und die religiösen Institutionen zu veranlassen, sich dem einfließenden Göttlichen anzupassen, sich zu ändern, zu modifizieren. Können oder wollen sie das nicht, werden sie zugrunde gehen und durch die ersetzt werden, die den Willen dazu haben!

Haben Sie keine Angst, der Wahrheit ins Gesicht zu sehen und sie auszusprechen; schließlich sind wir alle unserer Brüder Hüter und auch erst dann erfolgreich, wenn wir uns wirklich mit der Wahrheit bewaffnen! Durch Wahrheit ohne Gewalt können wir tiefgreifende und wohltuende Veränderungen nicht nur in uns, sondern auch in den Regierungen der Welt bewirken. Welt erwache! Der einfließende Geist bedarf aller Hilfe, die er bekommen kann!

Eine letzte Bemerkung und Beobachtung: Mit Freunden wie diese Regierung, die uns die Wahrheit vorenthält - wer braucht da noch Feinde? Offensichtlich kommt vieles der außerirdischen Bedrohung aus dem Inneren unserer Regierung, was wohl von Mittäterschaft und Hilflosigkeit herrührt. Vielleicht braucht sie uns, so wie die Außerirdischen, mehr, als wir sie! Lasst uns hoffen, daß sie das akzeptiert und anstatt Feind unser Freund sein kann!

3. Kapitel

Persönliche Erlebnisse mit Außerirdischen

Als UFO-Forscher beschäftige ich mich seit den frühen 70er Jahren mit diesem Thema. Das erste Mal, daß ich mir der UFO's bewußt wurde, war während der Bergung eines Raumschiffes auf dem White Sands Testgelände; aber dieses Ereignis hatte erst nach meinem Ausscheiden aus dem Militär persönliche Folgen für mich.

Meine Nachforschungen waren einzigartig und ungewöhnlich und nahmen ständig an Bedeutung zu, je bereiter ich dafür war. Da ich meine Untersuchungen auf diese Weise führte, konnte ich alles, was ich lernte, aufnehmen, analysieren und systematisch anwenden. Trotz dieser logischen Vorgehensweise verwirrten mich die sich ständig ändernden Bedingungen und Verhältnisse, was mich so manches Mal in meinem Glauben bestätigte, daß die Fiktion realer ist als die Wahrheit selbst.

Obwohl viele meiner Erlebnisse sich in Grad und Intensität unterscheiden, möchte ich einige hier schildern, und zwar die, die in meiner Erinnerung an erster Stelle stehen.

Meine erste Begegnung mit Außerirdischen fand in der Nähe der Stadt Wickenburg in Arizona statt, im Geier-Gipfel-Gebiet; ein rein zufälliges Geschehen - das letzte, was ich erwartet hätte!

Wie es meiner damaligen Gewohnheit entsprach, hatte ich den Tag in der Wüste verbracht. Ich kehrte gerade zu meinem Auto zurück, als ich plötzlich von dem berüchtigten Goldgräber, der "abtrünniger Bill" genannt wurde, aus dem Hinterhalt überfallen wurde.

Der "abtrünnige Bill"

Bill entsprach genau dem Bild eines Renegaten. Er war ungesellig, feindselig und ein rauher Einsiedler. Bills Reaktion auf alles und jeden war, erst zu schießen und dann zu fragen. Obwohl die Ernsthaftigkeit seiner Absichten fraglich blieb, glaubten die meisten Leute, daß Bill eher einschüchtern als töten wolle. Wie weit man bei ihm gehen konnte, bevor er tatsächlich Ernst machte, blieb ein Geheimnis; niemand wollte es wirklich herausfinden! Ein weiterer Grund seiner krankhaften Sturheit lag darin, daß er seine, wie er sagte, zahlreichen Goldminen sichern mußte.

Alle kannten Bills derbe Philosophie, die besagte, daß jeder, der - ob unwissend oder vorsätzlich - in sein Gebiet eindrang, am Ende den Preis dafür zu zahlen hatte.

Sein über das Ziel hinausschießendes Sicherheitsbedürfnis war es, das Bill und mich an diesem Tag auf dem Areal seiner begehrten Schürfstellen zusammenführte. Er verdächtigte mich, seine Schürfrechte übernehmen zu wollen. Dies war selbstverständlich nicht der Fall! Rückblickend bin ich dankbar für Bills Übereifer, der uns zusammenbrachte und mich veranlaßte, meine ersten persönlichen Nachforschungen über außerirdische Aktivitäten hier auf Erden anzustellen.

Die Folge der weiteren Ereignisse begann damit, daß Bill mit seinem Gewehr auf mich zielte und von mir wissen wollte, warum ich seine Schürfstellen widerrechtlich in Besitz nehmen wollte. Ich sagte ihm, er sei verrückt und paranoid. Er befahl mir, sein Eigentum zu verlassen, oder ich würde mit den Füßen voran weggetragen.

"Hör zu, alter Knabe", entgegnete ich, "dies ist Land der Regierung. Ich habe hier ebensoviele Rechte wie du! Übrigens, wollte ich dir eine Schürfstelle wegnehmen wollen, dann nähme ich diese hier!" Bei diesen Worten zeigte ich auf eine Stelle am Boden, wo ich medial eine Goldader wahrnahm.

Bill keuchte und fragte respektvoll: "Wie konntest du wissen, daß es hier ist?"

Ich erzählte ihm, daß ich medial veranlagt und hellsichtig sei und solche Dinge sehen könne (während ich dies schreibe, bin ich mir nicht sicher, ob ich den Vorgang wiederholen könnte; aber sicherlich diente es in jenem Moment meinen Zwecken und veränderte schlagartig die Situation).

Dies veranlaßte Bill, in die Defensive zu gehen und mich darüber zu informieren, daß er von der Goldader wußte, jedoch noch keine Zeit hatte, sie abzustecken. Ich versicherte ihm, daß ich kein Interesse an der Ader hätte und daß er damit tun könne, was immer er wolle. Er senkte das Gewehr und ließ seine Feindseligkeit fallen. Dann sprachen wir von Mann zu Mann miteinander.

Es war Bill, der den Anfang machte: "Siehst du den Hügel da drüben? Ich hatte ein merkwürdiges Erlebnis dort, es ist noch nicht allzu lange her!"

"Was ist passiert?"

"Ich rannte in ein UFO hinein", erzählte er.
"Würdest du mir mehr darüber berichten?"
"Ja, natürlich", antwortete er.

Dann erzählte er mir von seinem Erlebnis. Eines Nachts befand er sich in seinem Camp, als ganz plötzlich ein hellscheinendes Licht aus dem Hügel herüberblitzte.

Bill war daran gewöhnt, von einigen jungen Männern aus Wickenburg belästigt zu werden, die jedesmal schlau genug waren, ihm und seinem vertrauten Gewehr auszuweichen. In dieser Nacht, so dachte er, seien sie besonders widerwärtig und dreist. Er rannte zu seinem Pritschenwagen und revanchierte sich, indem er seinen Suchscheinwerfer auf sie richtete. Sein Scheinwerferlicht jedoch war blaß, verglichen mit dem vom Hügel. "Jetzt reicht's", tobte er. Er ergriff sein Gewehr, wendete den Wagen und raste mit heulendem Motor auf die Lichtquelle zu. Wie gewöhnlich würden die dreisten Teufel bereits vor seinem Eintreffen geflohen sein, dachte er. Aber so war es nicht!

Das Licht schien noch, als er auf der Szene auftauchte. Aber es ging nicht von seinen örtlichen Quälgeistern aus! Es kam von einem Raumschiff!

Es ist wohl unnötig zu sagen, daß Bill nicht nur überrascht, ängstlich und perplex war, sondern auch wütend. Augenblicklich entschloß er sich, die Ladung seines Gewehres auf das UFO-Innere abzufeuern. Offensichtlich waren seine Schüsse harmlos, denn das Schiff begann langsam aufwärts zu steigen und drehte dann weg.

Bill raste zu seinem Camp zurück, als sei der Teufel hinter ihm her. Dort verbrachte er eine schlaflose Nacht.

Zwei Tage später, Bill war immer noch im Camp, sah und hörte er während der Tagesstunden das neue Modell eines Autos die Sandstraße entlangkommen. Das war ungewöhnlich, denn nicht viele wagten sich in Bills innerstes Heiligtum. Sofort bewaffnete er sich mit seinem vertrauenspendenden Gewehr und erwartete die Eindringlinge.

Das Fahrzeug kam näher, und der Anblick zweier Frauen darin erleichterte Bill. Obwohl sie Fremde waren, fühlte Bill keine unmittelbare Gefahr und senkte sein Gewehr. Als der Wagen sich weiter näherte, bemerkte Bill, daß die Fahrerin eine ältere Frau war; die andere sah wesentlich jünger aus.

Das Auto hielt und Bill grüßte die Damen. Er fragte nach ihrem Begehren. Die Fahrerin schaute ihn aufmerksam an und sagte: "Bill, erinnerst du dich an das Licht einige Nächte zuvor?" Weiter kam sie nicht, denn Bill fiel ihr mit lauter Stimme ins Wort: "Ja, zum Teufel, das tue ich!"

Die Frau bremste ihn: "Halt den Mund!"

Bill erstarrte. Der Befehl, den Mund zu halten, durchfuhr ihn wie ein Schlag. Normalerweise war es Bill, der alles unter Kontrolle hatte und andere einschüchterte. Aber nun schüchterte dieser Eindringling von einer Frau ihn auf seinem eigenen Feld ein! Bill erzählte mir, daß er sofort stillschwieg, denn die absolute Autorität, die von dieser Frau ausging, ließ ihm keine Wahl. Die ältere Dame sagte: "Wir wurden von unserem Raumschiffkommandanten hierher geschickt, um dich über folgendes zu informieren: Solltest du uns jemals wieder in die Quere kommen, wird es dir sehr leid tun! Hast du verstanden?"

Bill antwortete: "Ich habe verstanden!"

Darauf legte die Frau einen Gang ein, wendete das Fahrzeug und fuhr davon. Zur Abwechslung blieb diesmal Bill gestraft und unsicher zurück.

Zwei Tage später, am hellichten Tag, schwebte dasselbe Raumschiff über Bills Camp. Eine vertraute Stimme klang aus dem Schiff zu ihm herüber. Sie sagte: "Bill, hier ist Mary. Ich war vor 35 Jahren deine Frau. Als ich damals in St. Petersburg (Florida) verschwand, dachtest du, man hätte mich ermordet oder entführt. Aber ich wurde von diesen Wesen mitgenommen und lebe seither bei ihnen. Ich bin sehr glücklich, Bill, und zufrieden. Ich habe keinerlei Absichten, jemals wieder zu dir zurückzukehren. Ich spreche heute zu dir als jemand, der sich um dich sorgt. Ich möchte dich nicht verletzt sehen. Bitte nimm diese Nachricht ernst: mischst du dich nochmals ein, wirst du es bedauern!" Damit verabschiedete sie sich, und das Raumschiff flog sehr schnell davon.

Nun war Bill nicht immer ein Renegat. Einst war er ein respektiertes Mitglied der Gesellschaft gewesen. Er übte den Beruf eines Ingenieurs aus, als er seine Frau verlor. Bill liebte sie sehr innig. Ihr Verschwinden war ein furchtbarer Verlust, der zu einer schnellen und totalen Degeneration von Bills gesamtem Leben führte. Schließlich zog er sich ganz aus der Gesellschaft zurück. Er ging in den Westen und wurde zu der verkrusteten Legende, die als "abtrünniger Bill" bekannt war.

Nachdem er die Geschichte von dem Raumschiff mit den zwei Frauen und der Stimmenbotschaft beendet hatte, äußerte er entschlossen seine Absicht, niemals wieder etwas mit ihnen zu tun haben zu wollen. Ich fragte ihn, ob es ihm recht wäre, wenn ich von dort aus mit meinen Nachforschungen beginnen würde. Seine Antwort war kurz und prägnant: "Wenn du dumm genug bist, das zu tun, dann stelle ich mich dir nicht in den Weg!"

Auf diese Weise begannen meine Untersuchungen.

Es tut mir leid, sagen zu müssen, daß Bill inzwischen verstorben ist. Er hinterließ so manche unvergeßliche Geschichte und Erfahrung - speziell für die jungen Männer aus Wickenburg und mich. Aus der Begegnung zwischen Bill und mir entstand mein Zusammentreffen mit diesen Außerirdischen.

Kurz darauf, nachdem mir Bill seinen Segen gegeben und versprochen hatte, mich während meiner UFO-Untersuchungen nicht zu stören, begab ich mich direkt zum Ort der Begegnung.

Ich wollte nachprüfen, ob seine Geschichte der Wahrheit entsprach. Schnell entdeckte ich zurückgelassene Beweise dafür, die für sich selbst sprachen.

Ein Beweis fand sich in Form von verbrannter, versengter und zerstörter Natur wieder. Kakteen waren ebenfalls zerstört worden, insbesondere die Art der Saguaro-Kakteen. Offenbar hatte das Raumschiff über dem Gebiet hin und hergependelt und dabei versehentlich die Kakteen verbrannt und zerschnitten.

Ich fand es äußerst faszinierend, die verbrannten Überreste zu betasten. Das Gewebe ließ sich mit nichts vergleichen, was ich jemals berührt hatte. Ich denke, daß Graphit dem am nächsten käme, aber auch das trifft es nicht genau.

Von Interesse war auch, daß hier ein genereller Mangel von ansonsten in diesem Areal beheimateten Insekten und Vögeln herrschte. Weitere Nachforschungen offenbarten seltsame Markierungen in den Felsformationen auf der Spitze des Hügels. Diese Zeichen waren tatsächlich Auszackungen, 17 bis 18 cm tief, rechtwinklig in der Form und ca. 2,5 cm breit. Zuerst war ich verblüfft, dann kam ich zu dem Schluß, daß die Markierungen in Bezug zu den Aktivitäten des Raumschiffes standen. Später, als ich schließlich telepathischen Kontakt herstellte, entdeckte ich, daß die Auszackungen von Probebohrungen des Schiffes nach unserem unterirdischen Mineralvorkommen und Wasser herrührten. Fakt ist, daß die Außerirdischen sich selbst ohne unsere Erlaubnis bedienten. Ich war über dieses Verhalten im höchsten Maße empört. Ich sagte ihren Aktivitäten den Kampf an, denn ich wußte von dem universellen Gesetz, das da sagt: "Du darfst dich weder moralisch noch legal in den Handel und das Wohlbefinden eines anderen Planeten einmischen, ohne dir die ausdrückliche Erlaubnis von der planetarischen und/oder zuständigen Regierung geholt zu haben!"

Ich lernte von dieser außerirdischen Gruppe später, daß es noch eine weitere Klausel gibt: "Wenn ein Planet sich auf dem Weg der Selbstzerstörung befindet, dann können andere, soweit die Zeit es erlaubt, sich selbst bedienen." Dies traf auf die frühen 70er Jahre zu. Wir befanden uns damals auf dem Kurs der Selbstzerstörung. Rätselhaft genug, daß dieser kritische Zustand sich plötzlich änderte, und so schnell diese Außerirdischen mit ihrer Selbstbedienung unserer Mineralien und dem unterirdischen Wasser begannen, so schnell hörten sie auch wieder damit auf.

Ich möchte die Abbaumethodik der Außerirdischen, die sie mir später erläuterten, hier besprechen. Sie stellte sich mir als sehr einfach in der Anwendung dar, aber die Kunstfertigkeit sowie der Grad der dahinterstehenden Technik war unseren Fähigkeiten zu der damaligen Zeit sicherlich weit überlegen. Sie lokalisierten die Wasserquelle und das Mineralvorkommen und nahmen mit Hilfe einer bestimmten Methode die Ressourcen sofort in ihr Schiff auf. Ich verstand nicht völlig, wie sie dies zu Wege brachten. Es geschah wohl durch Benutzung eines Lasers, der es ihnen erlaubte, die Mineralvorkommen zu schmelzen und in das Schiff zu transportieren. Sie erzeugten rechtwinklige Löcher in den Felsen, welche alle zwischen 15 cm und 18 cm tief waren; anscheinend benutzten sie dafür eine bestimmte physikalische Vorrichtung. Könnte ein Laserstrahl allein für solche Art von Löchern verantwortlich sein?

Ich erinnere mich, daß sie die Technik erklärten, nicht aber das Verfahren. Während der Untersuchungen des Minenaspektes bemerkte ich, daß jeder Fels, der mit der Laserenergie in Berührung gekommen war, sich vollkommen seiner Lebensenergie entleert hatte. Normalerweise denkt man von einem Stein nicht, daß er Vitalität und Leben besitzt, aber er tut es in Wirklichkeit doch! Dies würde bei einem Vergleich der verletzten Felsen mit intaktem Gestein deutlich werden.

Als ich entdeckte, wie sie mit ihrer Bergbautechnik allem Anschein nach den Steinen das Leben abzogen, tadelte ich sie telepathisch für ihre Sorglosigkeit und ihr mangelndes Interesse. Obgleich ihre Antwort nicht gerade schnell erfolgte, was oft der Fall war, informierten sie mich schließlich darüber, daß die Felsen ihr Leben und ihre Vitalität zurückgewännen, die Löcher gleichzeitig gefüllt und versiegelt würden und niemand wissen würde, was geschehen war. Sie hielten ihr Wort. Dieses Phänomen traf wie vorhergesagt ein, und heute würde niemand vermuten, daß dort jemals Löcher gewesen waren. Einige Zeit, nachdem ich den Abbau, die Brandzeichen und andere Phänomene untersucht hatte, verließ ich diese Gegend und kehrte nach Phönix zurück. Ein paar Tage später fuhr ich nochmals an den Platz, um weitere Untersuchungen anzustellen, mußte aber entdecken, daß sie eine von vielen Weidekühen getötet hatten.

Die skelettierte Kuh

Die Tötung dieser Kuh war zugleich einzigartig und bizarr, sie unterschied sich gänzlich von den anderen Viehverstümmelungen, die zu der Zeit bekannt waren. In diesem Fall wurde die Kuh zwar nicht verstümmelt, sie war jedoch vollständig ihres Fleisches, ihrer Eingeweide, der Haut, Hufe und des Schwanzes beraubt. Es war, gelinde ausgedrückt, bizarr! Das einzige, was von der Kuh übriggeblieben war, war das Skelett. Wohlgeordnet befand es sich an der Stelle, an der die Kuh überwältigt worden war. Das Skelett lag exakt ausgerichtet: zuerst der Kopf, gefolgt von den Nackenwirbeln, dann der Brustkorb, an dem die Beine sich im rechten Winkel zu beiden Seiten ausstreckten. Das einzige Zeugnis dafür, daß dies einst eine lebende Kuh war, fand sich in einem kleinen Stück Fell und Haar an der Stelle, wo sonst der Schwanz an den Körper anschließt. Aber hier gab es keinen Schwanz! Ebenfalls bemerkenswert fand ich die Färbung der Knochen. Sie waren zum weißesten Weiß ausgeblichen! Später nahm ich den Brustkorb mit nach Hause und behielt ihn in meinem Appartement, um ihn Freunden zu zeigen.

Es machte mich wütend, daß die Außerirdischen so grausam und rücksichtslos sein konnten, ein unschuldiges, unwissendes Tier abzuschlachten. Außersich zu sein genügte nicht, und so kehrte ich, nachdem ich mir den Pritschenwagen mit Vierradantrieb eines Freundes aus Phönix geliehen hatte, an den Platz zurück und warf einen Blick auf den Schlachtplatz, während ich die Außerirdischen telepathisch bat, zu mir zu kommen und mir zu erklären, weshalb sie die Kuh getötet hatten.

Wenn ich auf mein Verhalten zurückblicke, müssen die Außerirdischen sich über mein keckes und zynisches Verhalten amüsiert haben. Ich nahm sie tatsächlich in die Pflicht! Ich bin überzeugt, daß ich der erste und höchstwahrscheinlich auch der letzte Mensch war, der so handelte. Mein Betragen kann aber nicht vollkommen falsch gewesen sein, da sie mir Antworten auf meine Fragen und Forderungen gaben; allerdings nur, wenn sie gutmütig und bereit dazu waren. Wir hatten bestimmt keine Turteltaubenbeziehung zueinander!

Es war 17:30 Uhr, als ich zu dem Platz fuhr, an dem die Kuh starb. Da es sich um eine Winternacht handelte, wurde es früh dunkel. Sprühregen vervollständigte die Öde. Nachdem ich eine beträchtliche Zeit mit der Aussendung telepathischer Botschaften verbracht hatte, entspannte ich mich und wartete auf den großen Moment des Widerhalls.

Sehr zu meiner Enttäuschung materialisierte sich gar nichts. Irgendwann gegen Mitternacht schlummerte ich unbeabsichtigt ein. Mein Schlaf kann nicht mehr als ein paar Sekunden gedauert haben, aber er war lange genug! Jede Faser meines Körpers begann plötzlich zu vibrieren. Der Wagen schüttelte sich und gab ein ohrenbetäubendes rumpelndes Geräusch von sich. Leider war ich in meinem bis zum Hals geschlossenen Schlafsack eingenickt. Angst stieg in mir hoch, während ich versuchte, meine Position zu halten und mich gleichzeitig aus dem bedrückenden Schlafsack zu befreien. Dies erschien mir wie ein Alptraum. Ich fühlte mich so, als müßte ich um mein Leben kämpfen.

Schließlich kehrte die Klarheit zurück und ich schaffte es, mich selbst zu befreien und aus dem Auto zu springen. Ich gewann meine Gelassenheit zurück und schaute nach oben. Über mir sah ich das Raumschiff langsam vorwärts schweben. Zuerst war ich freudig erregt, da ich dachte, daß ich nun meine Antwort erhalten würde. Aber stattdessen bewegte sich das UFO langsam davon. Richtig wütend machte mich das spöttische Gelächter der Schiffsbesatzung, das ich deutlich hören konnte. Ich schätze, ich verdiente es, da mein Verhalten nicht gerade vorbildlich war.

Später hatte ich die Zeit, über die Erschütterung und Vibrationen des Wagens nachzudenken. Über dieses Thema nachdenkend, stellte ich Vergleiche an zu den Erfahrungen aus dem Film "Die unheimliche Begegung der dritten Art."

Für den Rest der Nacht schlief ich nicht mehr.

Die Morgendämmerung brach gerade an, als das Raumschiff zurückkehrte. Diesmal war es Meilen entfernt, und es bewegte sich von links nach rechts. Plötzlich konzentrierte es sich auf mich und näherte sich mir mit niedriger

Geschwindigkeit. Zu seiner Linken befand sich eine große Wolkenbank, in die das UFO dann aber abschwenkte und verschwand. Ich war frustriert und erkannte wieder einmal, daß sie ihre Spiele mit mir trieben und erst zurückkehren würden, wenn sie die Zeit für angemessen hielten.

Erst Wochen später ereignete sich ein anderes einzigartiges Erlebnis.

Wie es meine Gewohnheit geworden war, befand ich mich wieder an derselben Stelle, um meine Untersuchungen über die Brandzeichen und andere Phänomene weiterzuführen. Ich traf den Entschluß, mich hinzusetzen und zu meditieren. Also setzte ich mich an einen seichten Abhang und begann mit der Meditation. Gerade als ich in die Meditation eintauchte, fiel etwas auf den Zeh meines linken Fußes. Erschreckt fuhr ich hoch und nahm es hin als die Unachtsamkeit eines Vogels, der einen Samen oder einen Stein fallen gelassen und dabei versehentlich meinen Schuh getroffen hatte. Ich versank gerade wieder in die Meditation, als das gleiche nochmals geschah. Es ging so schnell, es war so fein, daß ich mir über den Verursacher nicht im klaren war. Aber ich hatte die Außerirdischen in starkem Verdacht.

Beim nächsten Mal täuschte ich meine Meditation nur vor und ließ meine Augen ein wenig geöffnet. Diesmal sah ich einen kleinen Kieselstein von oben auf meinen Zeh fallen. Ich sprang auf und sagte: "Schon gut Jungs, das ist nicht gerade lustig!" Sekunden später erkannte ich, daß dies ein guter Schachzug gewesen war; denn sie standen mir, obwohl ich sie nicht sehen konnte, in vier bis fünf Meter Entfernung gegenüber und begannen, über mich zu lachen.

Ich fand ihr Benehmen nicht zum Lachen komisch und war mehr an der Begegnung selbst interessiert, an der Gelegenheit, unschätzbare Informationen zu erhalten.

Ich bat sie, sich zu materialisieren, damit ich sie sehen könne. Es stellte sich heraus, daß sie zu dritt waren und recht groß; sie maßen ca. 1,50 m bis 1,60 m, und nach ihren Stimmen zu urteilen, schienen sie männlich zu sein.

Zum Teil taten sie mir den Gefallen und materialisierten sich in einem gewissen Sinne, und ich konnte deutlich die Umrisse ihrer Körper sehen. Diese Umrißkonturen waren mit stark vibrierenden Molekülen gefüllt, wie die hochgebeamten Charaktere in den Star-Trek-Filmen.

Mit diesem Grad der Materialisation war ich nicht zufrieden und bat sie, sich mir mehr zu zeigen. Sie leuchteten daraufhin jedoch noch mehr. Ihre Formen waren humanoid und menschlich proportioniert. Ich konnte sie lachen hören. Schließlich wurden sie ernst und sagten, daß sie hier wären, um zu erklären, warum sie die Kuh getötet hatten. Sie berichteten, daß sie einige neue menschliche Freiwillige an Bord hätten, die noch nicht zu ihrer Ernährungsweise übergewechselt wären. Sie hatten die Kuh für ihre neuen Passagiere genommen.

Mit dieser Erklärung war ich zufrieden und sorgte mich nicht länger um den Vorfall mit der Kuh, zumal sie um so glaubhafter war, als ich mich an Mary erinnerte, der früheren Frau des "abtrünnigen Bills", die bereits seit 35 Jahren mit den Außerirdischen lebte.

Der Mond

Meine Verbindung mit diesen Außerirdischen dauerte über zwei Jahre. Ich lernte sehr viel von ihnen. Zu ihrer Herkunft erklärten sie, daß sie einen Stützpunkt auf dem Mond hätten und dort auch wohnten. Sie teilten mir mit, daß der Mond hohl sei; daß drei Zivilisationen, einschließlich der ihrigen, zur Zeit in seinem Inneren leben. Weiterhin erzählten sie, daß der Mond in Wirklichkeit von technischer Herkunft sei und einst in unser Sonnensystem geflogen wurde; daß er erneut gestartet und nach Belieben an jeden Platz innerhalb und außerhalb unseres Sonnensystems bewegt werden könne. Kaum zu glauben, aber wahr! (Später behaupteten zwei russische Wissenschaftler, Mitglieder der angesehenen sowjetischen Akademie der Wissenschaften, daß der Mond ein Raumschiff sei! Sie haben in der Tat recht. Vernunftbezogene Beweise deuten daraufhin, daß unsere amerikanische Regierung ebenfalls zum gleichen Schluß kam.)

Der andauernde Austausch mit diesen Außerirdischen versorgte mich in zunehmendem Maße mit intuitivem Wissen. Zugegeben, es war nicht einfach: es war keine Beziehung, in der einer dem anderen in die Arme fällt.

Eine der spektakulärsten Informationen behandelt die universellen Koordinaten- und Gitterrastersysteme. Die Einzelheiten waren aufregend und belehrten mich darüber, wie sie, die Hierarchie und andere, mit uns in einer großartigen Wechselbeziehung stehen und uns veranlassen, in einer vorbestimmten Weise zu reagieren, ohne gleichzeitig unseren freien Willen anzutasten. Ihr Versuch, mit mir in eine wechselseitige Beziehung zu treten, war sehr viel wohlwollender als der jener Außerirdischen, von denen ich vorher sprach.

Im Schlepptau der Außerirdischen

Bevor ich die Erörterung dieser besonderen Gruppe von Außerirdischen abschließe, möchte ich noch anmerken, daß sie einen verdrehten Sinn für Humor haben: einer ihrer Lieblingsstreiche bestand darin, sich in meinen Wagen einzuklinken und mich über die Landstraßen zu ziehen. Unnötig zu sagen, daß der Benzinverbrauch gleich Null war. An einem bestimmten Tag zogen sie meine Freundin Jane und mich 290 Kilometer weit; wir verbrauchten nicht einen Tropfen Benzin!

Eine mit Jane befreundete Computer-Software-Entwicklerin war aus Boston zu Besuch gekommen, und Jane war verantwortlich für ihre Unterhaltung. So hatten wir den Tag, es war ein Sonntag, in der Gegend um Flagstaff (Arizona) verbracht und kehrten am Nachmittag nach Phönix zurück.

Als wir im Verde-Tal ankamen und eine Steigung von über acht Kilometern erklimmen wollten, hörte ich das vertraute Klopfen - tap-tap-tap -, welches anzeigte, daß die Außerirdischen uns ihren gewöhnlichen Streich spielen und das Auto ziehen wollten. Da wir einen Gast hatten, der, wie ich annahm, nicht mit UFO's vertraut war, erwähnte ich auch Jane gegenüber nichts von diesen Absichten; normalerweise hätte ich sie über den Vorgang informiert. Statt dessen hieß ich die Außerirdischen mental, uns nicht zu belästigen; das Timing wäre denkbar ungeeignet.

Natürlich schenkten sie meiner Ermahnung keine Beachtung und begannen damit, das Fahrzeug schneller und schneller zu ziehen.

Janes Wagen, in dem wir fuhren, verhielt sich normalerweise wie eine Schnecke, wenn wir Steigungen zu bewältigen hatten; wir schafften niemals mehr als 65 km/h. Doch nicht an diesem Tag! Der Wagen beschleunigte sehr schnell weiter, selbst vor dem Hügelkamm nahm die Geschwindigkeit unvermindert zu. Das Auto fuhr bereits über 110 km/h und wurde immer noch schneller, gänzlich unter der Zugkraft und Energie der Außerirdischen stehend.

An diesem Punkt sagte ich etwas von der Art wie: "Hört mal, ihr Pfeifen, wenn ihr uns nicht loslaßt, werden wir uns bald auf eurer Umlaufbahn wiederfinden."

Daraufhin gaben sie - gerade im günstigsten Moment - das Fahrzeug frei, und ich drosselte es auf eine vernünftige Geschwindigkeit. Während ich das tat, schaute Jane zu mir herüber und fragte mich eindringlich: "Was war das denn?"

Da ich unseren Gast nicht verwirren wollte, sagte ich nichts, plazierte jedoch meine rechte Hand mit aufrechten Daumen auf den Sitz, bewegte sie ruckweise hoch und runter, um Jane klarzumachen, daß unsere Raumbrüder am Werk gewesen waren.

In genau diesem Moment beugte sich unser Gast über den Sitz und fragte mich, was ich dort täte oder zu berichten versuchte. Ich ließ meinen Täuschungsversuch fallen und erzählte beiden, daß wir gerade eine Spritztour mit Außerirdischen unternommen hatten. Janes Freundin war entzückt, und wie sich herausstellte, war auch sie ein alter Hase auf dem Gebiet der UFO's.

Meine letzte bedeutsame Begegnung mit dieser Gruppe fand ebenfalls in Janes Gegenwart statt. Vielleicht hielten die Außerirdischen mich für weniger zänkisch, wenn ich mit ihr zusammen war. Scheinbar nutzten sie diese Zeiten zu ihrem Vorteil.

Dieser besondere Vorfall geschah an dem selben Tag, an dem sie uns 290 Kilometer weit gezogen hatten. Unser Ausflug war bereits beendet und wir befanden uns auf dem Heimweg. Als die Außerirdischen uns entließen, hielten wir uns noch in einer ländlichen Gegend auf der Camelback-Straße auf. Ich fuhr an den Straßenrand. Als das Auto zum Stillstand kam, sah ich plötzlich ein Licht auf der Motorhaube blitzen. Instinktiv schaute ich mich nach einem Rettungswagen mit Blaulicht um, doch wir waren die einzigen auf der Straße, und das schon seit geraumer Zeit.

Gerade als ich mich Jane zuwandte, leuchtete erneut ein Lichtblitz auf der Haube auf, schnell gefolgt von einem dritten, den auch Jane bemerkte. An diesem Punkt wußte ich, daß ein Raumschiff über uns schwebte. So sprang ich aus dem Wagen und schaute auf. Zwar hatten sie sich nicht materialisiert, nichtsdestoweniger sprachen sie (telepathisch) klar und deutlich zu mir und fragten, ob ich Lust hätte, an Bord zu kommen. Ich sagte sofort ja, und der Prozeß des Hochbeamens setzte ein. Bis heute kann ich nicht genau beschreiben, was ich fühlte, außer dem, daß ich mir leichter und euphorisch vorkam. Tatsächlich schien es insgesamt eine angenehme Erfahrung ohne Unbehagen zu sein. Unglücklicherweise machte ich den Fehler und schaute hinüber zu Jane, die aus dem Fenster an der Fahrerseite spähte. Auf ihrem Gesicht spiegelte sich schieres Entsetzen und Panik. Bis heute weiß ich nicht, warum ich mich von ihrer Reaktion beeinflussen ließ, aber ich tat es! Als Folge ihrer augenscheinlichen

Furcht sagte ich zu den Außerirdischen: "Vielleicht sollten wir dies zu einer anderen Zeit an einem anderen Platz wiederholen, am besten, wenn sie nicht bei mir ist." Das soll nicht heißen, daß ich Jane in irgendeiner Art und Weise anschwärzen möchte; sie nimmt bis heute einen besonderen Platz in meinem Herzen ein. Wie dem auch sei, ihr mentaler und emotionaler Zustand bekümmerte mich zutiefst, und ich sorgte mich darum, was mein Verschwinden bei ihr auslösen würde.

Rückblickend stellte ich fest, daß ich mir unnötige Sorgen gemacht hatte, zweifellos wäre alles gut verlaufen, wenn ich meinem irdischen Verstand nicht erlaubt hätte, dieser Erfahrung zu entgehen.

Die Freigabe aus dem Beamvorgang war genauso sanft wie die unvollständige Hochbeamung und schadete mir in keiner Weise. Leider wurde mir so ein Angebot nie wieder unterbreitet.

Ich möchte noch eine letzte Anmerkung machen: Während der ganzen Zeit meiner Verbindung zu dieser Gruppe befand sich die Beziehung auf einer unparteiischen und unpersönlichen Ebene. Wie früher schon dargelegt, gab es niemals eine warme, sich gegenseitig beeinflussende Symbiose zwischen uns. Dies mag auf mein manchmal angriffslustiges und ätzendes Verhalten zurückzuführen sein; denn ich nahm sie ohne besonderen Grund öfters in die Pflicht. Ungeachtet dessen fuhren sie fort, mit mir eine Wechselbeziehung aufrechtzuerhalten und mich so auf vielfältige Weise zu bereichern. Dafür bin ich ihnen ewig dankbar, und ich kann nur hoffen, daß sie sich dessen bewußt sind.

Dies ist der letzte Beweis ihrer Gutartigkeit und ihres meist neutralen Verhaltens: sie entließen mich freiwillig aus dem Beamvorgang! Wären sie negativ oder weniger gut gewesen, hätten sie mich in genau diesem Moment einfach mitnehmen können.

Der UFO-Stützpunkt

Eine weitere Begegnung fand einige Jahre später, ungefähr um 1980 herum, statt. Auch diesmal brachte mich eine andere Person ins Spiel. Dieses Erlebnis war im Vergleich zum ersten Vorfall weitaus bizarrer. Ich hatte gerade Vorträge in Portland, Oregon, gehalten, als ich einen Anruf erhielt, in dem man mich einlud, den Nationalfeiertag am 4. Juli zusammen mit meinem Freund Rick Romeriz in Nevada City, Kalifornien, zu verbringen.

Dort angekommen, teilte Rick mir mit, daß ein Mann namens Roger Smith (Name geändert) sich unaufhörlich telefonisch erkundigt hätte, ob ich schon in der Stadt sei. Sein Anliegen sei äußerst wichtig, und er müsse mich dringendst sprechen.

Als wir schließlich miteinander telefonierten, informierte Roger mich darüber, daß er glaube, einen Stützpunkt von Außerirdischen entdeckt zu haben und deshalb persönlich mit mir sprechen wolle. Er wüßte, daß ich bereits Erfahrungen dieser Art gemacht hätte. Am Telefon wirkte er sehr nervös und labil und erklärte, daß er sich nicht vollkommen sicher sei, ob alles, was er gesehen und erlebt habe, nicht nur ein reines Produkt seiner Einbildung sei. Zweifelsohne war dies die Meinung seiner Frau und seiner engsten Freunde, eben all derer, die er verlieren würde, wenn er nicht seine Nachforschungen bezüglich dieses Phänomens einstellte.

Weiterhin erklärte er, daß ich seine letzte Hoffnung sei, und durch meine Bestätigung wohlmöglich seine Ehe gerettet werden könnte, da zwischen ihm und seiner Frau durch sein offensichtlich wahnsinniges Verhalten und sein Geplapper über seltsame Dinge eine völlige Entfremdung eingetreten sei.

Roger wollte mich noch am selben Tag treffen; dies war jedoch unmöglich, da ich durch die feste Verabredung mit Rick und die geplanten Unternehmungen zum 4. Juli gebunden war. Ich mußte außerdem am folgenden Tag zurück nach Portland, um mit meinen Vorträgen am 6. Juli fortzufahren. Ich versprach Roger, in zwei Wochen zurückzukehren, und daß wir dann die Sache ernsthaft weiter verfolgen würden; in der Zwischenzeit sollte er seine Frau darüber informieren.

Wie verabredet, kehrte ich nach zwei Wochen zurück, nachdem ich telefonisch ein heimliches Treffen mit Roger an einem vorher bestimmten Ort im Schutz der Dunkelheit arrangiert hatte.

Warum diese Geheimniskrämerei? Es stellte sich heraus, daß die fortwährenden Quälereien von Seiten seiner Familie und Freunde immer größer wurden und Roger weitere Probleme ausschließen wollte, bis wir seinen Verdacht tatsächlich bestätigt hatten.

Nachdem wir beide am verabredeten Ort eingetroffen waren und ich ihm versichert hatte, daß ich ihm ernsthaft helfen wolle, war Roger bereit, mich zu dem genannten Platz zu führen. Vor Ort gingen wir mit seinen zwei Hunden weiter. Wir waren ungefähr eine Meile landeinwärts maschiert, als wir einen Hügelkamm erreichten. Plötzlich sagte Roger: "Dort ist eines!"

"Wo?" fragte ich und schaute dabei zum Himmel.

"Nein", sagte er, "diese Lichter auf dem Hügel, da drüben. Das ist eins!"

Ich blickte in die von ihm bezeichnete Richtung. "Roger, das ist ein Haus. Du schaust auf beleuchtete Fenster!"

"Nein, das ist es nicht", antwortete er, "das ist ein UFO, das sich als Haus getarnt hat."

Nachdem ich seine Aussage verdaut hatte, beschloß ich, ihm zu folgen und zu entdecken, mit welchen weiteren krausen Ideen er noch aufwarten würde. Trotz Rogers augenscheinlicher Aufregung und unglaublicher Schlußfolgerung blieb er andererseits rational und selbstsicher. So gingen wir weiter auf das angebliche UFO zu.

Als wir uns dem fraglichen Objekt näherten, bemerkte ich, daß dort eine große Anzahl Häuser in der ganzen Gegend über viele Hektar verstreut standen. Offensichtlich eine Siedlung, dachte ich. Schließlich erreichten wir einen Hügel, der unserem Ziel gegenüber lag, und bezogen Stellung an einem günstigen Punkt, nachdem ich das unterhalb liegende Tal mit den Augen abgesucht hatte. Ich zählte neunzehn ähnliche andere Lichter.

Nachdem wir es uns bequem gemacht hatten, sagte Roger: "Ich werde dir nichts erzählen. Ich möchte, daß du erstmal die kommenden Phänomene beobachtest und mir beschreibst, wofür du sie hältst. Ich brauche das, um mich davon zu überzeugen, daß ich nicht, wie jeder denkt, verrückt bin."

Am liebsten hätte ich gesagt: "Roger, ich bin mir da nicht so sicher." Aber für den Moment stimmte ich seinem Ansinnen zu.

Während wir auf Beobachtungsposten waren, belebte sich das angepeilte Haus und ein transformatorischer Prozeß setzte ein. Zuerst begannen die vorgeblichen Fenster heller zu werden und rotierten dann im Uhrzeigersinn, bis sie sich nicht länger in aufrechter, sondern in zunehmend horizontaler Position befanden. Nachdem sie sich um 90 Grad gedreht und alle gleich ausgerichtet hatten, bewegten sie sich aufeinander zu und verbanden sich zu einem großen leuchtenden Lichtbalken.

Nachdem ich Roger die Vorgänge beschrieben hatte, reagierte er hocherfreut und sagte wieder und immer wieder: "Ich bin nicht verrückt! Es passiert wirklich!"

Ich versicherte ihm, daß es tatsächlich geschah und daß ich, wenn er wahnsinnig sei, es ebenfalls wäre.

Nach einer kurzen Zeitspanne begann sich der horizontale Lichtbalken auszudehnen und wurde umfangreicher, gewann an Masse und nahm die Gestalt einer Kugel bzw. eines Raumschiffes an. Anschließend wurde die Kugel deutlicher erkennbar; Tore erschienen, zuerst nur schwach, dann zunehmend klarer, bis das Schiff in seiner ganzen Größe sichtbar war. Obwohl wir uns in einer beträchtlichen Distanz zum Ort des Geschehens befanden, vielleicht 400 m, schienen sich gewisse Aktivitäten im Schiffsinneren abzuspielen.

An diesem Punkt kommentierte Roger: "Schau genau hin, es wird noch eine weitere Folge von Veränderungen durchlaufen."

Und so kam es auch: Das UFO verdunkelte sich und verlor seine Sichtbarkeit, bis es aus nichts mehr als einer Masse von amorpher und phosphorezierender Energie bestand. Während ich mit meinen Beobachtungen fortfuhr, verbal die Phänomene beschreibend, verblaßte das Schiff schließlich und hinterließ nur ein leuchtendes Glühen.

An dieser Stelle erklärte Roger, daß es nach ungefähr zwanzig bis dreißig Minuten wieder auftauchen würde. In der Zwischenzeit, so verkündete Roger, würde er an einen anderen, vorteilhafteren Platz gehen und fragte, ob ich mitkommen wolle.

Meine Antwort war: "Nein, ich bleibe lieber und beobachte von hier aus." Was Roger nicht wußte, war, daß ich einige Tage zuvor dem größten UFO (in Kugelform) begegnet war, das ich jemals gesehen hatte. Es war eine höchst bemerkenswerte Sichtung gewesen, da sie in der Nähe der Beale Air Force-Militärbasis stattgefunden hatte. Ich hatte gerade den Sicherheits-Kontrollpunkt passiert, als ich rechts von mir eine massive Wolke bemerkte. Sehr ungewöhnlich daran war, daß sich inmitten der Wolke zwei horizontale Regenbögen befanden. Niemals vorher hatte ich zwei horizontale Regenbögen gesehen, und so beschloß ich, anzuhalten und das Ganze zu beobachten. Dabei blickte ich mich um, um zu sehen, ob auch andere das gleiche Phänomen wahrnahmen, aber zu meiner Bestürzung schienen sie es nicht zu bemerken. Während meiner Beobachtung entdeckte ich, daß die untergehende Sonne die Regenbögen hervorrief, deren Lichtstrahlen von einer Masse dunstiger Luft reflektiert wurden und eine aufsehenerregende Überraschung preisgaben. Während ich meine Beobachtung fortsetzte, löste sich die dunstige Materie auf und etwas beträchtlich Solideres und Greifbareres kam zum Vorschein. Bevor alles vorbei war, sichtete ich das größte Raumschiff, das ich jemals erblickt hatte. Vorsichtig geschätzt gab ich ihm eine Mindestlänge von 80 Kilometern und eine Höhe von

20 Kilometern! Niemand könnte sagen, wie groß es wirklich war. Aber wie konnte ich dann die aktuelle Größe bestimmen? Ich mag mich ein wenig verschätzt haben, aber ich bin ein geübter Militärbeobachter und lernte, in der Artillerie Techniken anzuwenden, um Meßbildverfahren und Bildauswertungen durchzuführen. Ich glaube, ich konnte die Größe ziemlich genau abschätzen. Und da war es, in dem verbleibenden Licht für jedermann sichtbar!

Am folgenden Tag sah ich es zusammen mit einem Freund wieder. Während der Zeit der Sichtungen hatte das UFO keine besondere Bedeutsamkeit für mich, außer daß es einen äußerst spektakulären Zwischenfall abgab.

Bis zu dem Zeitpunkt, an dem Roger sich auf den Weg zu einem anderen günstigen Beobachtungsplatz machte, hatte die Sichtung des Mutterschiffes keinerlei Bedeutung für mich. Offensichtlich stand es in Beziehung zu dieser Ansammlung von Schiffen vor uns. Als Roger schließlich wegging, suchte ich mir ein UFO aus, um mit den Besatzungsmitgliedern zu kommunizieren und sie telepathisch darüber in Kenntnis zu setzen, daß ich mir ihrer Zugehörigkeit zu einem Mutterschiff im klaren war und ihre Erlaubnis für uns erhoffte, an Bord kommen zu dürfen und sie zu besuchen.

Ich bat sie, zweimal zu blinken, falls sie uns die Erlaubnis gewähren würden, und einmal, falls nicht. Nun, fragen Sie mich nicht, woher ich wußte, daß sie Landelichter besaßen, aber wie sich herausstellte, hatten sie welche!

Nachdem ich diese Nachricht übermittelt hatte, setzte ich mich zurück und wartete geduldig auf ihre Antwort. Nach fünf Minuten kehrte Roger zurück und setzte sich neben mich. Als wir gemächlich die Abfolge der Ereignisse besprachen, blitzten die Lichter des Raumfahrzeuges zweimal auf, die Erlaubnis signalisierend. Bevor ich irgendetwas zu Roger sagen konnte, rief er aus: "Mein Gott, hast du das gesehen?"

Natürlich bejahte ich das und berichtete ihm, daß ich dieses Geschehen veranlaßt hatte und was ich beabsichtigte. Aber da es seine Entdeckung war, wollte ich ihm die Möglichkeit geben, den Zeitpunkt unseres Besuchs festzusetzen. Er reagierte sofort: "Bist du ausgeflippt? Die Dinger werden dich bei lebendigem Leibe auffressen!"

Da erzählte ich ihm von der Begegnung mit dem Mutterschiff und von ihrer offensichtlichen Bereitschaft, uns zu empfangen.

Roger meinte, es würde eine ganze Weile dauern, bis er mit mir wieder dieses Gebiet aufsuchen könne. Seine Schwiegermutter käme zu Besuch. Deshalb wäre die Zeit jetzt ungünstig. Ich stimmte ihm zu, denn ich kannte bereits seine prekäre Ehesituation und die dazugehörigen Probleme. Ich erklärte, daß ich das Vorhaben verschieben und zunächst zum Mount Shasta zurückkehren würde, um dort meine Vorträge weiterzuführen. Ich würde in ein paar Wochen wiederkommen.

Um eine normalerweise lange Geschichte kurzzufassen: Nach einer Reihe von Entschuldigungen, warum er mich nicht begleiten könne, entschied ich mich, allein zu gehen, so wie ich es zuerst vorgehabt hatte. Roger hat mich niemals begleitet.

Der Tag, an dem die Erlaubnis kam

Meine Abwesenheit hatte sich hinausgezögert und ich beschloß, an den Platz zurückzukehren, den Kontakt wieder aufzunehmen und nochmals ihre Erlaubnis einzuholen. Gleich in der ersten Nacht holte ich mir ihre immer noch bestehende Einwilligung, allerdings sollte ich von einem anderen günstigeren Platz zusteigen. Es handelte sich hier um eine einsame Straße.

Der vielleicht seltsamste Aspekt dieses ganzen Phänomens lag wohl darin, daß sich der von ihnen angegebene Standort direkt gegenüber einer Siedlung von Rentnern und jenseits eines Sees befand, der beide Gebiete voneinander trennte.

Jeder, der diese Gemeinde von Außerirdischen bei Nacht betrachtete, würde denken, daß sie eine Erweiterung der gegenüberliegenden Siedlung sei. Bei Tageslicht existierte dort scheinbar nichts.

Mein Abenteuer sollte, was mir gut gefiel, bei Tageslicht stattfinden, denn ich wollte das Gebiet kartografieren und alle durch Menschenhand erstellten Objekte lokalisieren, und zwar solche wie den Wasserturm, die Straßen und Wälder. Diese Karten würden meine nächtlichen Beobachtungen erleichtern und mir erlauben, Gegenstände einschließlich der UFO's örtlich besser zu bestimmen und festzulegen.

Endlich kam der Tag, an dem die Außerirdischen mich empfangen wollten, und so machte ich mich auf den Weg. Ich erhielt alle Informationen auf telepathischem Wege einschließlich der Anweisungen, wo ich mich zum Zustieg einfinden sollte. Noch im Zweifel, wie ich vorgehen oder wo ich einsteigen sollte, wartete ich und beobachtete die Gegend. Zwei Falken hoben plötzlich 250 Meter entfernt von mir aus dem Gras ab und und flogen in großen Spiralen himmelwärts. Nachdem sie eine Höhe von ungefähr 400 Metern erreicht hatten, schossen sie im Sturzflug vom Himmel und verschwanden zu meiner Rechten zwischen den Ästen einer riesigen Eiche.

Dies war offensichtlich der gewünschte Eintrittspunkt für mich, und ich begab mich dorthin. Als ich unter dem Baum ankam, fand ich die Feder eines Falken; von den beiden Vögeln war jedoch nichts zu sehen. Wohin waren sie verschwunden? Ich wußte es nicht, akzeptierte es aber als göttliche Fügung und erklomm den Hügel, der dem Baum gegenüberlag. Der erste Teil des Weges war wegen des dichten Unterholzes beschwerlich, aber schließlich gelangte ich auf eine Lichtung, die völlig frei von jeder Art Leben zu sein schien. Es war ziemlich unheimlich, denn dort gab es nichts, keine Vögel mit ihrem begleitenden Zirpen und Singen und, besonders auffällig, keine Insekten. Alles wirkte absolut steril.

Während ich dort stand, dieses ungewöhnliche Erlebnis verarbeitend, vermeinte ich, ganz schwach eine Sommerheuschrecke zu hören. Ich drehte meinen Kopf und versuchte, die Geräuschquelle zu orten, und plötzlich wurde mir klar, daß eine Heuschrecke auf keinen Fall der Verursacher dieser Laute sein konnte. Ich befand mich im Kraftfeld eines Raumschiffes, das eine Art von Kraft- oder Energiequelle einsetzte. Dies war etwas, was ich normalerweise nicht von meinem nächtlichen Aussichtspunkt aus hatte bemerken können, und so war ich nicht auf ein tonnenweise Strahlung ausstoßendes Raumschiff vorbereitet.

Als ich begriff, in welcher Gefahr ich mich befand, rezitierte ich einige heilige Worte und entfernte mich dann schleunigst von diesem Ort, wobei ich der Verantwortlichen in einer nicht sehr zuvorkommenden Weise gedachte. Ich kann mich nicht vollständig an meine Worte erinnern, aber ich sagte ungefähr folgendes: "Ich hoffe, daß eure Mutter euch schon in der Vorhalle erwartet, wenn ihr nach Hause kommt und euch kräftig ins Bein beißt!"

Nachdem ich mich von dem Schock dieses Erlebnisses erholt und begriffen hatte, daß ich bald ernsthafte Folgen spüren könnte, verbrachte ich den Rest des Tages damit, die Gegend auszukundschaften und eine maßstabsgetreue Karte anzufertigen, speziell von dem Platz, der dem Aussichtspunkt gegenüberlag. Später zeigte sich, daß die Karten mir einen unermeßlichen Dienst leisteten, bürgten sie doch für die Echtheit der Schiffe und ihrer Standorte.

Ich fuhr zurück in die Stadt, um mich mit Rick und einigen Freunden zum Abendessen zu treffen. Während des Dinners fing meine rechte Seite an zu brennen, sie schmerzte wie ein heftiger Sonnenbrand. Bestürzt entschuldigte ich mich und eilte in den Waschraum, wo ich mein Hemd hochzog, um den Herd des Unbehagens ausfindig zu machen. Als ich meine rechte Seite im Spiegel betrachtete, entdeckte ich, daß sie von der Taille bis zur Armbeuge eine feuerrote Färbung aufwies. Besonders stark betroffen schien mir der Bereich über der Leber. Sofort war mit klar, daß ein Zusammenhang zwischen der Verbrennung und dem Zwischenfall mit dem Raumschiff bestand und ich unter einer Strahlenverletzung litt. In dieser Nacht kommunizierte ich während meiner Meditation mit dem Mutterschiff und informierte die Besatzung darüber, daß ich über die ganze Angelegenheit nicht besonders glücklich sei. Ich sagte ihnen: "Ihr Heinis ladet mich zu euch nach Hause ein und dann kriegt ihr mich so dran! Weshalb das? Welche Art Kerle seid ihr überhaupt?"

Ihre Antwort kam schnell. Man teilte mir mit, daß der Zwischenfall ein Unfall gewesen sei und sie die volle Verantwortung für meine Wiederherstellung übernähmen. Das mußten sie! Die Strahlung beeinträchtigte meine Leberfunktionen, die bereits starke Streßerfahrungen durch einen früheren Krankheitszustand kennengelernt hatten. Mein Kommunikationspartner teilte mir weiter mit, daß die Besatzung des sich auf der Erde befindlichen Raumschiffes ausschließlich aus robotorisierten Wesen bestünde, die nur den Befehlen des Mutterschiffes gehorchten. Offensichtlich war jemand nachlässig gewesen bei der Deaktivierung sowohl des Raumschiffes als auch der Roboter. Diese Entschuldigung erklärte auch, weshalb ich während meines Aufenthalts in dem besagten Gebiet das Gefühl hatte, von vollständig amoralischen und unempfindlichen Wesen observiert zu werden. Man konnte befürchten, daß sie bei dem entsprechenden Befehl einen bei lebendigem Leibe fressen würden! Der Zustand meiner Leber verschlechterte sich zusehends, und als ich etwa einen Monat später nach Phönix heimkehrte, hatte sie sich aufgebläht und entzündet. Ich begann an der Einhaltung ihres Wortes zu zweifeln.

Zu dieser Zeit lebte ich mit meiner Lebensgefährtin Jane zusammen, die für mich etwas ganz Besonderes darstellte. Sie war auch an meinem vorher genannten Erlebnis mit den Außerirdischen beteiligt. Eines Abends hatten Jane und ich uns schon zur Ruhe begeben und ich bemerkte ihr gegenüber: "Ich hoffe, sie werden, wie versprochen, bald etwas für meine Leber tun!"

Als ich am nächsten Morgen aufstand, fühlte ich mich, als hätte ein Maultier mir in die rechte Seite getreten. Ich schaute an mir herunter und entdeckte direkt über meiner Leber einen zierlichen Schnitt. Eine weitere Begutachtung ergab, daß der Schnitt in tiefere Schichten reichte, offensichtlich bis zur Leber. Sofort lief ich zu Jane und zeigte ihr den Einschnitt. Natürlich fragte sie mich, durch was er entstanden wäre. Meine Antwort kam schnell und traf den Nagel auf den Kopf: allem Anschein nach hatten mich meine Raumfreunde letzte Nacht gehört und ihr Versprechen eingelöst. Sie operierten mich, während ich schlief. Ich habe nichts von diesem Eingriff gespürt!

Dieser Zwischenfall machte mich sehr stolz, und ich war immer schnell dabei, mein Hemd hochzuziehen, um meinen Freunden den kleinen Schnitt zu zeigen. Aber das hielt nicht lange an, denn nach kürzester Zeit war alles komplett verheilt, nur eine kleine Narbe blieb zurück. Ich bewunderte dieses Können und beabsichtigte, anderen bei passender Gelegenheit die saubere Handarbeit unserer Raumbrüder vorzuführen. Aber auch diese Absicht war nur von kurzer Dauer, denn innerhalb einiger Tage verschwand die Narbe.

Soviel zu den Streitgeschichten.

Die Beale-Luftwaffenbasis als Bildschirm der Außerirdischen

Nun zu der Gemeinde der Außerirdischen. Meine Nachtwachen zeigten sich als sehr ergiebig, denn ich erkannte das volle Ausmaß meiner neu gemachten Erfahrungen. Jede Nacht gab es die gleiche Serie von Erlebnissen, die ich anfangs beschrieben habe. Eine ganze Zeit lang konnte ich nicht verstehen, was die Außerirdischen taten, und bat um eine Erklärung. Zu guter Letzt teilten sie mir mit, daß sich unterhalb der Raumschiff-Ansammlung eine unterirdische Anlage befand, von der aus sie arbeiteten. Als ich sie zum Wesen ihrer Arbeit befragte und auf eine Antwort erpicht war, erklärten sie mir, daß ein großer Teil ihrer Aufmerksamkeit auf die Beale-Luftwaffenbasis gerichtet war, in der sehr lästige Waffensysteme lagerten. Die Beale-Basis ist ein Teil des Strategischen Luftkommandos, und wie in ihren Schwesterbasen sind dort besonders empfindliche Waffenausrüstungen untergebracht, einschließlich solcher Phänomene wie gekaperte außerirdische Raumschiffe und Körper.

Sie informierten mich, daß die Regierung nicht weit von diesem Ort Versuche anstellte mit der DNA, RNA und anderen biologischen Experimenten, Klonen eingeschlossen.

Ironischerweise erlaubte mir diese Gruppe der Außerirdischen, trotz meiner hervorragenden Kommunikation zu ihnen, niemals, ihnen nahezukommen. Von einer Distanz aus konnte ich durch die Portale ihres Schiffes sehen, wie sie sich hin und her bewegten. Sie waren damit beschäftigt, wichtige Dinge zu erledigen und bereiteten sich auch auf die Abdunklung vor. Die Figuren, die ich aus einem gewissen Abstand betrachten konnte, waren humanoid und uns sehr ähnlich. Während ich über die Schiffe und den Verdunkelungsprozeß schreibe, drängt sich mir der Eindruck auf, daß dieser noch einem anderen Zweck diente. Dieser Vorgang ähnelte einem Fahrstuhl, der auf die Ebene der unterirdischen Anlage herabsank und später wieder in der Tarnung eines Hauses aufstieg.

Bei verschiedenen Gelegenheiten, alle während der Nacht, wagte ich mich in die Gemeinde und in die Nähe der Raumschiffe. Niemals jedoch konnte ich ihre Energieschilde durchdringen, die wohl mich genauso schützten wie sie.

Um das gesamte Beale-Areal herum hatten die Außerirdischen Monitor- und Überwachungssysteme zum Aufspüren von Regierungsoperationen installiert.

Ich war sicher, daß diese Gruppe von Außerirdischen zu dem großen Mutterschiff gehörte, das ich bei meinem Besuch auf dem Beale-Stützpunkt gesehen hatte.

Die Gemeinde der Außerirdischen bestand aus Androiden und Humanoiden, deren menschliche Aktivitäten nur im Schutz der Dunkelheit stattfanden. Sollte die Luftwaffe von ihrer Präsenz wissen, wäre es logisch, Androiden auf den Stützpunkt der Außerirdischen einzusetzen.

Nicht ein einziges Mal konnte ich eines der mehr als zwanzig Schiffe beim Abheben beobachten. Statt dessen schienen sie als Aufzüge für Auserwählte zu dienen. Andere standen einfach da, offenbar hielten sie die Matrix eines Energierasters zusammen, welches nicht nur mit dem Mutterschiff verbunden war, sondern ebenfalls bestimmte Arbeiten hier auf Erden erleichterte.

Nie fühlte ich mich durch ihre Anwesenheit bedroht. Wenn sie mein Verschwinden gewünscht hätten, für sie wäre es ein Leichtes gewesen; ich war allein, und niemand außer ein oder zwei engen Freunden wußte, wo ich mich aufhielt. Wenn ich mich zu nahe an eines der Schiffe heranwagte, stieß mich der Energieschild zurück oder ich wurde aufgefordert, von meinem Ansinnen, ihnen näherzukommen, Abstand zu nehmen. Wenn ich mit engen

Vertrauten über meine Aktivitäten sprach, warnten sie mich, daß ich eines Tages vielleicht nicht mehr zurückkehren würde. Sicherlich hielten sie mich für reichlich unausgeglichen. Warum auch nicht, denn welcher normale Mensch würde es schon Tag für Tag riskieren, einen Vorstoß ins Unbekannte zu unternehmen?

Es war unmöglich, die Außerirdischen bei Tageslicht zu entdecken, es sei denn, man war extrem sensitiv und suchte nach ihnen. Nach einiger Zeit fand ich heraus, daß ich durchaus ihre Anwesenheit feststellen konnte, obwohl sie nicht sichtbar waren. Die von mir angelegte Geländekarte und mein Wissen über ihre Standorte erwiesen sich dabei als große Hilfe.

Die Gegenwart des riesigen Mutterschiffes schien im Vergleich zu den meisten Sichtungen widersinnig, da es so sehr groß war. Solch eine Größe und Kraft in Nähe zur Erdoberfläche zu bringen, erschien mir völlig nutzlos. Am Ende schloß ich daraus, daß das Raumschiff das zentrale Hauptquartier für die gesamte Westküste darstellte: Kalifornien, Oregon, Washington, Vancouver, die gesamte pazifische Küste, vielleicht das ganze Gebiet des Südwestens der Vereinigten Staaten.

Es ist schwierig, sich vorzustellen, daß ein Wesen, ob außerirdisch oder nicht, ein Fahrzeug von solcher Größe und Reichweite konstruieren kann. Später wurde mir klar, daß dieser Zweifel dem "kopflastigen Denken" einer Welt der Illusion entspricht, und daß alle Begrenzungen unserem eigenen schöpferischen Geist entspringen, Ihrem, meinem und dem der Außerirdischen.

Ich nehme an, daß das Mutterschiff, wenn es sich in unmittelbarer Nähe der Erde befand, äußerst beweglich war und sich dorthin begab, wo es gerade am meisten gebraucht wurde. Geht man davon aus, daß dies der Wahrheit entspricht, dann stand die Beale-Luftwaffenbasis im Interesse der Außerirdischen an erster Stelle.

Das Phantomauto und die unsichtbare Straße

Ich möchte noch von einer anderen, eher merkwürdigen als fiktiven Begebenheit eingehendst berichten, die in der gleichen Umgebung stattfand.

Eines Nachts, während ich auf dem gewohnten Platz die Aktivitäten der Außerirdischen beobachtete, hörte ich das Geräusch eines sich nahenden Autos. Aus dem Motorengeräusch und dem häufigen Umschalten der Gänge schloß ich, daß es sich um einen Sportwagen handelte. Er kam über Land auf mich zu und schien noch etwa 1,5 Kilometer entfernt zu sein. Nach dem Klang des Motors und der Schaltung zu urteilen, hörte es sich ganz wie ein britischer MG an.

Recht merkwürdig war, daß es keine Straßen in der Umgebung gab. Das Auto fuhr mit hoher Geschwindigkeit durch unwegsames Gebiet. Wie Sie sich erinnern, fertigte ich eine Karte von dem gesamten Areal an, und dort gab es keine Straßen. Wie war es möglich, daß dieses merkwürdige Fahrzeug hier fahren konnte? Schuf es sich beim Fahren seine eigenen Straßen? War dies ein Spiel von anderen Dimensionen?

Während ich dort beobachtend und nachsinnend saß, sah ich, wie die Scheinwerfer dieses Fahrzeugs in den Himmel leuchteten, als es einen steilen Hügel überquerte. Dann erreichte der Wagen die Hügelspitze. Die Scheinwerfer waren nun vollständig sichtbar und näherten sich einem der Raumschiffe, das sich in einiger Entfernung genau vor mir befand. Die Beobachtung war einfach, denn das Raumschiff, das Fahrzeug und ich fanden sich alle auf gleicher Höhe.

Als sich der Wagen röhrend und fast fliegend dem Raumschiff näherte, konnte ich gefühlvolle und lachende männliche Stimmen wahrnehmen, die das Dröhnen des Motors übertönten. Das Raumschiff leuchtete gleichzeitig auf und nahm eine schattenhaft umrissene Form an. Schließlich war es als kugelförmiges Schiff vollständig sichtbar. Es besaß sehr gut ausgeleuchtete Eingänge und enthüllte dadurch eine Unmenge an Aktivitäten, die im Innern vor sich gingen.

Während der Sportwagen sich seinem Bestimmungsort näherte, öffnete das Schiff seine Luken und zwei humanoide Männer traten heraus und warteten auf die Ankunft des Autos. Bei den Insassen des Wagens handelte es sich um zwei normale Männer. Das Fahrzeug wendete schwungvoll und hielt in sicherer Distanz zum Raumschiff, in die Richtung weisend, aus der es gekommen war. Die zwei Insassen stiegen aus und schlugen dabei die Türen vernehmlich zu. Die Raumschiffsbesatzung veranlaßte sie, sich zu beeilen und an Bord des Schiffes zu kommen. Die beiden Männer rannten eilig zum UFO und erreichten es, gerade als es seine Luken schloß, sein Aussehen veränderte und die Verdunkelung einsetzte.

Ich stand starr vor Erstaunen, magnetisiert von diesem neuen Eindruck. Als ich dort so stand, verschwand das Schiff vor meinen Augen. Alles, was zurückblieb, war ein lichtvolles Glühen. Ich starrte dieses Glühen an und wußte irgendwie, daß das UFO früher oder später den Prozeß umkehren und sich erneut materialisieren würde. Und das tat es eine Stunde später! Wie ich vermutet hatte, verließen die Auto-Insassen das Raumschiff wieder und sagten ihren Freunden Adieu. Sie warfen ihren Wagen an, schalteten die Scheinwerfer an und röhrten ab in die Richtung, aus der sie vorher gekommen waren.

Bis heute habe ich nicht vollständig begriffen, was ich damals beobachtete. Wie kann ein Auto mit hoher Geschwindigkeit über hauptsächlich unpassierbares, straßenloses Gebiet fahren? Schufen sie sich eine Straße? Taten sie das durch ihre Gedanken? Befand ich mich in der dritten Dimension und schaute die vierte? Oder war dies ein kosmischer Witz? Ihre Vermutung ist sicher genauso richtig wie meine. Manchmal ist die Wirklichkeit merkwürdiger als die Fiktion.

Die Quintessenz dieses Typs von Zwischenfall in der Umgebung von Dulce und der in diesem Kapitel beschriebenen Begebenheiten bedeuten, daß meine persönlichen Erfahrungen mit Außerirdischen - die sich bis zum heutigen Tage fortsetzen - nicht zu den allgemeinen Interessen der Öffentlichkeit passen. Dort interessiert man sich vor allen Dingen für Entführungen, Belästigungen und Eingriffen in den menschlichen Geist. Meine Erfahrungen basieren allerdings auf den Kontakt mit gutartigen Außerirdischen.

Der bezeichnendste Aspekt der negativen Außerirdischen steht im Widerspruch zum freien Willen und erniedrigt das gesamte Spektrum der menschlichen Würde. In allen Entführungsfällen waren die Opfer Demütigungen ausgesetzt, was nicht nur den planetaren/sozialen Gesetzen widerspricht, sondern auch den universellen Gesetzen. Warum sollten wir den negativen Außerirdischen Freiheiten zugestehen, die wir auf Erden nicht erlauben? Was sie tun, ist im wahrsten Sinne des Wortes abscheulich! Wie ist es möglich, daß Entführte, nachdem sie so viel erlitten und erlebt haben, sagen können: "Weißt du, sie sind nicht wirklich schlecht!" Es kann nicht anders sein, als daß sie tatsächlich einer Gehirnwäsche und einer Programmierung unterzogen wurden.

Vor nicht allzu langer Zeit bot sich mir die Gelegenheit, die Erfahrung genau dieses Phänomens während einer öffentlichen Show zu machen, zu der ich als Gastredner geladen war. Als letzten Gast bat der Moderator einen Herrn auf die Bühne, der von Außerirdischen entführt worden und bereit war, darüber zu reden. Dieser Mann war kein gewöhnlicher Durchschnittsmensch, sondern ein hochgebildeter Ingenieur der Luftfahrttechnik. Gemäß seiner Aussage und seiner vernünftigen Einstellung zu allen Dingen, einschließlich der UFO's, hielt er sich für den letzten, der für eine Entführung in Betracht käme. Dennoch war er gekidnappt worden. Seine anschließenden Erfahrungen waren furchterregend, unmenschlich und abstoßend. Während er von seinen traumatischen Erlebnissen berichtete, war er dem Weinen nahe. Zum Schluß drehte er sich mit Tränen in den Augen zu mir um und sagte, wie so viele andere: "Wissen Sie, die sind nicht wirklich schlecht. Die sind sich nur nicht bewußt, was sie tun!"

Vielleicht wurden er und auch andere von den Außerirdischen programmiert und verhalten sich vernünftig. Für mich enthielt seine Aussage eine Spur von Wahnsinn. Ich habe in jeder Hinsicht große Achtung vor diesem beeindruckenden Mann; mein Herz und meine Seele fühlten mit ihm, seine Vernunft ist allerdings anzweifelbar.

Ich hoffe, daß einige der Schilderungen in diesem Buch den Entführten helfen, und daß andere, die unerfreuliche und bedrohliche Erfahrungen machten, zu Frieden im

Geiste, zur Ausgeglichenheit zurückfinden können und zum Bewußtsein, daß wir alle der menschlichen Rasse angehören. Meine eigenen Erfahrungen jedoch ereigneten sich gewöhnlich auf der lichtvolleren Seite und hatten offensichtlich die Wächter und die Kräfte des Lichtes zur Seite.

Da Sie nun meine Erlebnisse lesen konnten, werden Sie schnell zu dem Schluß kommen, daß meine Verfahrensweise den Außerirdischen gegenüber streng unpersönlicher Natur war. Ich wurde akzeptiert, toleriert und behutsam beschützt. Die Informationen, die ich von ihnen erhielt, wurden mir nicht gleich ausgehändigt; sie gaben sie nur preis, wenn ich danach fragte. Manchmal zog sich die Wartezeit unendlich in die Länge. Viele Male erkundigte ich mich, warum die Antworten nicht gleich gegeben wurden. Im Rückblick vermute ich, daß meine anfänglichen Erwartungen ihnen gegenüber falsch waren, was darauf basierte, daß ich durch Literatur, durch die Channelmedien, die ich hörte und durch andere Einflüsse, denen ich über Jahre ausgesetzt war, erwartete, daß sie immer mit verschwenderischer Liebe antworten würden. Davon kam nichts zum Vorschein. Zwar hätte ich gerne eine aufrichtigere und persönlichere Beziehung zu ihnen gehabt, aber es sollte wohl nicht so sein. Möglicherweise lag es an meinem unvernüftigen Verhalten, durch das ich sie fortwährend für ihre Aktionen zur Verantwortung zog, das sie auf Armeslänge von mir entfernt hielt. Die persönliche Erklärung meines Verhaltens dürfte ihnen unbekannt sein, und dafür entschuldige ich mich. Dennoch bin ich äußerst dankbar für das, was ich erhielt.

Ich bitte den Leser, meine persönlichen Erfahrungen mit denen von Entführungsopfern zu vergleichen. Beachten Sie dabei den Unterschied in der Behandlung, der Gewaltlosigkeit und der Anerkennung des freien Willens. Die Gutmütigen versuchten nicht, mich davon zu überzeugen, daß sie gut wären - oder schlecht! Bitte beachten Sie weiterhin, daß die guten Außerirdischen, wenn sie einen Fehler begingen und man sich bedroht fühlte, die Verantwortung übernahmen und eine Wiedergutmachung erfolgte. In diesem Fall betrifft es meine Strahlenverbrennung und die Heilung meiner Leber.

Dies trifft bei den Außerirdischen, die für Entführungen verantwortlich sind, leider nicht zu! Die Opfer von Entführungen leiden für den Rest ihres Lebens unter einer gewissen Unzufriedenheit, sei sie mentaler, psychischer oder physischer Natur. Die Täter hätten nicht rücksichtsloser sein können; sehr wahrscheinlich implantierten sie bestimmte Typen von Subliminal-Programmen, die sie zu einem späteren Zeitpunkt für ihren eigenen Vorteil nützen können. In diesem Fall glaubte der jüngst Entführte trotz seiner Not und Erniedrigungen, daß die Außerirdischen nicht wirklich schlecht sind; sie wüßten eben nicht, was sie täten. Diese Außerirdischen wissen mit Sicherheit, was sie tun! Und wenn sie es nicht wissen, ihre Vorgesetzten sollten es wissen! Seltsam genug, daß der gleiche Entführte sich erinnert, ein normales menschliches Wesen an Bord des Schiffes gesehen zu haben. Er berichtete, daß dieses Individuum, bekleidet mit einer Lederjacke, offensichtlich mit der Reparatur eines bestimmten Motorentyps oder einer Maschine beschäftigt gewesen sei. Ist es möglich, daß diese Außerirdischen in Wirklichkeit für eine extrem hochentwickelte menschliche Zivilisation arbeiten, die nicht unbedingt dem Licht zuzuordnen ist?

4. Kapitel

Die Verschwörung der Regierung

Außerirdische und UFOs

Im ersten Kapitel des Buches erfuhren wir von der Mitschuld und dem Versteckspiel der Regierung. Scheinbar begann das 1947 mit dem UFO-Absturz in Roswell, New Mexico. Zweifellos war dies der meist aufgezeichnete und bestdokumentierte Zwischenfall in der Geschichte der Ufologie. Aber das Versteckspiel begann einige Jahre zuvor.

Die Vereinigten Staaten und die alliierten Kräfte begannen mit ihrer Abschirmung um 1943 herum, als es augenscheinlich wurde, daß Hitler und das Dritte Reich die erste irdische fliegende Untertasse bzw. das erste Raumschiff bauten und flogen.

Obgleich eine Weltmacht 1943 erfolgreich ein funktionstüchtiges Raumschiff gebaut hatte, gab es zwischen 1945 und dem Ende des Zweiten Weltkrieges eine übermäßig große Anzahl von UFO-Sichtungen, die außerirdischen Ursprungs waren. Anscheinend waren die Außerirdischen auch an der Führung und dem letztendlichen Ausgang des Krieges interessiert.

Damit begann die erste Verdeckungsaktion der Regierung. Sie rechtfertigte sich damit, daß wir uns im Krieg befanden und die nationale Sicherheit zu dieser Zeit ein extrem wichtiges Anliegen war. Ein anderes Geheimnis, streng vertraulich und unter Verschluß, war der FOO

Fighter. Noch heute, 40 Jahre später, ruft das Thema der FOO Fighter einen Meinungsstreit hervor. Über die Herkunft des Fighters weiß in Wirklichkeit niemand etwas. Die Mutmaßungen kreisen um zwei grundsätzliche Möglichkeiten. Erstens: die FOO Fighter waren eine Erweiterung der Raumschifftechnologie des Dritten Reichs; so modifiziert, daß sie als eine Art Waffe eingesetzt werden konnten. Zweitens: sie waren außerirdische Zerstörungswerkzeuge, die mit der Ursache des Dritten Reichs sympathisierten. Ungeachtet dessen, welche der Möglichkeiten richtig sein mag, sie waren ein furchterregender Gedanke für die alliierte Luftstreitmacht, die beabsichtigte, das Dritte Reich durch Bombardements auszulöschen.

Für die, die vom FOO Fighter bisher noch nichts gehört haben: es handelte sich um ein Instrument des Todes, dessen Eigenschaften sich mit nichts vergleichen ließen, was auf Erden bekannt war. Sie schienen keine physikalische Substanz zu besitzen und daher ätherischer Natur zu sein. Kam der Fighter absichtlich in die Nähe einer unserer alliierten Bomber und Kampfflieger, dann brachen seine elektrischen Systeme zusammen, und er wäre ohne ein durchgeführtes Ausweichmanöver abgestürzt. Die Alliierten verloren durch dieses unerklärliche Phänomen nicht wenige Flugzeuge. Zu den beiden oben genannten Möglichkeiten optiere ich für die erste! Meiner Meinung nach hatten die Außerirdischen an dem Krieg kein anderes Interesse als das, zu beobachten und zu überwachen.

Das Erscheinen der FOO Fighter hatte mit der Entscheidung der Alliierten zu tun, Hitler durch ein gesättigtes Bombardement in die Knie zu zwingen und alle unterstützenden Hilfsmittel zu zerstören. Welle für Welle griffen die alliierten Luftkampfverbände Hitlers Gebiet an und zerstörten alles, was vor ihnen lag. Die Logik sagt uns, daß wir den Krieg nicht gewonnen hätten, wäre der FOO Fighter außerirdischer Herkunft gewesen.

Unbedingt erforderlich für die Entscheidung, Hitler schnell zu besiegen, war ferner das durch Geheimdienstkanäle übermittelte Wissen über ein von ihm im Jahr 1945 vollendetes, fortgeschrittenes und kompliziertes Raumschiff, das imstande war, 4500 km/h zu überschreiten, Richtungsänderungen von 90° durchzuführen, senkrecht aufzusteigen und zu landen und vieles mehr. Das war seine vielgerühmte Geheimwaffe! Wäre dieses Raumschiff und die, die ihm folgen sollten, zum Einsatz gekommen, hätten wir sicherlich den Krieg verloren. Ich erinnere diejenigen, die die Wichtigkeit dieser Fakten nicht so recht begreifen können, daran, daß wir damals versuchten, die Geschwindigkeit von einem Mach zu überschreiten, was 1200 km/h entspricht. Unsere schnellsten Flugzeuge erreichten nur 885 bis 965 km/h und waren in ihrer Manövrierfähigkeit extrem eingeschränkt.

Hitlers unvergleichliches Raumschiff hätte sicher den Ausgang des Krieges verändert, wäre es nicht zerstört oder neutralisiert worden. Wie bekannt, läuteten wir jedoch durch unser flächendeckendes Bombardement und den massiven Truppeneinsatz erfolgreich das Ende des Dritten Reiches ein.

Infolgedessen konzentrierten sich unsere Bemühungen auf die der Suche dieses vielumworbenen und begehrten Raumschiffes. Das Schicksal spielte uns jedoch einen bösen Streich. Der SS gelang es, das Raumschiff rechtzeitig zu zerlegen und es an Bord zweier U-Boote von deutschem Boden verschwinden zu lassen. Sie brachten das Schiff zuerst nach Südamerika und dann in die Antarktis.

Dies aber ist eine weitere Geschichte: und zwar der gescheiterte Versuch der USA, das Raumschiff aufzubringen und seine Techniker gefangen zu nehmen.

Nach Beendigung des Krieges begann ein Wettrennen der Alliierten auf Berlin in der Hoffnung, die Dokumente und die Gehirne, die hinter dem begehrten Raumschiff standen, an sich zu bringen. Die Sowjets kamen allerdings zuerst an und brachten die wichtigsten Unterlagen in ihren Besitz. Die Vereinigten Staaten erreichten Berlin später, erhielten jedoch ihren fairen Anteil an den Dokumenten des Raumschiffes und noch viel mehr: die Denker hinter dem Projekt ergaben sich ihnen, unter ihnen Wernher von Braun und andere.

Im Jahre 1945 war dann der Boden für die USA bereitet; mit den konfiszierten Unterlagen und dem wissenschaftlichen Schlüsselpersonal konnte sie ihr eigenes Raumschiff entwickeln. Bestimmten Quellen zufolge waren wir Ende der fünfziger und Anfang der sechziger Jahre vollständig einsatzfähig und im Verborgenen schon auf dem Mond und wahrscheinlich auch auf dem Mars. Dies gilt ebenfalls für die Sowjetunion. Ich möchte daran erinnern, daß hiervon der amerikanischen Bevölkerung aufgrund der Verschleierungstaktik niemals etwas mitgeteilt wurde. Die Regierung ließ uns weiterhin glauben, daß alle Raumschiffe außerirdischen Ursprungs seien, während sie in Wirklichkeit auch amerikanischer oder sowjetischer Herkunft hätten sein können.

Um die frühe Geheimhaltung zu untermauern, möchte ich als Beweis ein Dokument anführen. Bevor ich hier auf nähere Einzelheiten eingehe, möchte ich klarstellen, daß mir dieses Schreiben anonym zugestellt wurde mit der Anweisung, den Inhalt der Welt mitzuteilen.

Nachdem ich dieses Dokument in Form eines Briefes gelesen hatte, war ich überzeugt, daß eine vollständige Veröffentlichung nicht förderlich wäre. So entfernte ich die Namen der hieran beteiligten Wissenschaftler. Ein paar von ihnen leben noch, und ich möchte ihnen nicht zu diesem späten Zeitpunkt ihre letzten Jahre unerträglich machen.

Dies ist nun der Brief. Ich kann seine Authentizität nicht beweisen, obwohl er plausible Wahrheiten enthält. Wenn all dies der Richtigkeit entspricht, dann haben wir hier wieder einmal einen klassischen Fall einer Verschwörung und Verschleierung durch die Regierung.

31. Januar 1961, Montagnacht

"Hallo, mein Engel,

ich liebe Dich sehr. Ich weiß, daß Du jetzt alles mögliche glaubst, aber sei bitte nicht allzu unglücklich mit mir.

Die letzten dreieinhalb Wochen waren zu fantastisch - ich selber kann es kaum glauben -, aber sie sind nichtsdestoweniger wahr. Ich möchte Dir erst darüber berichten, bevor ich Dich anrufe, denn wahrscheinlich werde ich über Monate hinweg nicht in der Lage sein, Dir alle Details zu erzählen.

Ich fürchte mich beinahe davor, all das zu Papier zu bringen, - aber glaube es oder nicht, ich habe die 10. Klasse besucht, - und nun, da ich dies gesagt habe, weiß ich nicht, wo ich beginnen soll. Das Fahrzeug, das die Reise machte, - ja, eine Untertasse, - erlangte eine fantastische Geschwindigkeit, in Relation zur Erdenzeit fast 300.000 Meilen in der Stunde;

aber im Weltraum gibt es solche Zeit nicht. Es ist wirklich schwer, dies zu erklären, aber wenn Du Dich zwischen Planeten wiederfindest, von denen jeder einzelne sich in seinem eigenen Aktivitätsfeld befindet, dann hast Du keinen Zollstock und auch keine Zeit zum Vergleich.

Das Fahrzeug mißt plus/minus 24,5 Meter im Durchmesser, hat 3 Meter Innenhöhe und hat sein eigenes Kraftfeld. Seine Antriebskraft besteht aus einer Kombination von solarer und nuklearer Energie. Dieses rotierende, antimagnetische Antriebssystem ermöglicht es dem Schiff, sich auf Kraftlinien fortzubewegen. Der Antrieb unterliegt einer einem Hubschrauber ähnlichen Kontrolle, und die Schiffssteuerung ähnelt ebenfalls, wenn sie benutzt wird, der eines Helikopters.

Ich weiß, Deine Frage lautet, warum erzählt denn niemand diesem Land, wie so etwas gemacht wird? Kannst Du Dir vorstellen, was mit der Wirtschaft des Landes geschähe, wenn dies bekannt würde? Bei den hohen Kosten und allem, was hierfür bereits ausgegeben wurde, müßte das ganze System umgeworfen werden und wäre nur noch Schnee von gestern.

Aber zurück zur Reise. Jetzt denkst Du bestimmt, daß ich verrückt bin, und manchmal wundere ich mich über mich selbst, aber - ich bin nicht verrückt! Ich liebe Dich sehr, ob Du es nun glaubst oder nicht.

....(Die nächsten fünf Zeilen übergehe ich. Es handelte sich um die Liste der Namen der Wissenschaftler, die mit an Bord waren.) ...waren mit an Bord.

Ich versuchte, Dich an Neujahr um Mitternacht anzurufen, aber mir wurde gesagt, daß ich eine zweistündige Wartezeit in Kauf nehmen müßte. Ich ging zurück ins Motel und traf dort (Name entfernt) und (Name entfernt). Wir verließen Stead um 01:30 Uhr und waren um 03:00 Uhr außerhalb des Einflußbereiches von Erde und Mond.

Sollte das magnetische Feld eines Planeten für den Antrieb nicht genutzt werden können, so hat das Schiff hierfür einen Ionenreaktor, der den nötigen Druckunterschied erzeugt, um das Schiff durch den Weltraum zu bewegen, und wenn Du einmal damit unterwegs bist, ist nicht viel vonnöten, Dich mit extrem hoher Geschwindigkeit fortzubewegen.

Bitte entschuldige das Gekritzel, aber ich möchte, daß Du all dies jetzt weißt, und es ist wohl unnötig zu sagen, daß ich ganz schön aufgeregt bin - ich liebe Dich!

Der Grund, daß dieses Land ein Fahrzeug mit einer Form eines langen Zylinder benutzt anstelle eines kreisförmigen, liegt an der Kraftquelle, wenn jedoch antimagnetische Vorrichtungen üblich werden, dann ändert sich auch die äußere Form.

Es scheint, als ob ich abschweife und nicht bei einer Sache bleiben kann. Vielleicht liegt es daran, daß es 02:45 Uhr nachts ist, und ich bin ehrlich gesagt sehr erschöpft. Wir kamen gestern um 10:30 Uhr zurück.

Ich werde hiermit später fortfahren, aber wie ich bereits am Anfang sagte, sei bitte nicht allzu unglücklich mit mir. Ich mache nur meinen Job und er ist fast vorüber.

Ich weiß, es ist sehr schwer für Dich, aber ich liebe Dich wirklich sehr und ich möchte Dich heiraten - wenn Du mich noch willst.

Ich fürchte, ich muß nun Gute Nacht sagen, weil ich meine Augen nicht länger offenhalten kann. Urteile Du selbst, was Du wem erzählen willst, ich sorge mich nicht darum. Es ist eben schwer, jemandem diese Dinge zu erklären, der nichts davon versteht.

All meine Liebe für immer und immer

Ich bin ewig Dein, Frank"

(Anmerkung des Autors: Frank, der Urheber dieses Briefes, verletzte offenkundig die nationale Sicherheit; es ist zweifelhaft, ob er nach diesem Brief noch lange gelebt hat.)

Nach der Lektüre dieses Briefes bin ich davon überzeugt, daß Sie wieder auf dem Boden der Tatsachen gelandet sind. Mir ging es wenigstens so!

Beachten Sie die Wichtigkeit dieses Briefes! Er stammt aus dem Jahre 1961. Das Raumschiff startete von der Stead Luftwaffenbasis, USA aus. Es war mit amerikanischem Personal bemannt. Seine Geschwindigkeit lag nahe bei 300.000 Meilen p/h. In eineinhalb Stunden gelangte es außerhalb des Einflußbereiches von Erde und Mond!

Stimmt das, dann sind wir wieder einmal die Hintergangenen. Wir sollten uns die Frage stellen, warum dies immer und immer wieder geschieht. Was motiviert die Regierung, uns hinters Licht zu führen, obwohl wir auf gewissen Ebenen mindestens genauso wissend sind wie sie?

Laßt uns in Sachen Schikane etwas tiefer schürfen! Leslie Watkin's Buch, "Alternative drei", im Original in Großbritannien verlegt, wurde für kurze Zeit zum Bestseller in den USA, bevor es auf unerklärliche Weise vom Markt verschwand - möglicherweise war hierfür die US-Regierung verantwortlich. Das ist sehr bedauerlich, denn heutzutage ist es das von Forschern meistgesuchte Buch.

Eine der außergewöhnlichsten Offenbarungen in "Alternative drei" besagt, daß unsere Mondflüge überflüssig und eine totale Verschwendung von Steuergeldern waren. Gemäß Bob Grodin, einem der frühen Apollo-Astronauten, wurde von den Vereinigten Staaten die höchste Form von Mitschuld, Verschleierung und Täuschung verübt. Laut der Zeugenaussage von Grodin und anderer waren die Amerikaner und Sowjets - konträr zur öffentlichen Meinung - bereits zuvor auf dem Mond.

Nach seiner Rückkehr aus dem Weltraum war Grodin aufs höchste erzürnt über diese offensichtliche Verschleierung, und ungestüm erzählte er jedem Zuhörer über die gesehenen Dinge auf dem Mond; und zwar handelte es sich hierbei um die gekennzeichneten Raumschiffe der Sowjetunion und der Vereinigten Staaten. Er tat dies voller Entrüstung und Verachtung. Über Radio, Fernsehen, Zeitungen und Illustrierte verbreitete Grodin seine Botschaft von der maßlosen Zeit- und Geldverschwendung, die für die Mond- und Weltraumsonden aufgewendet worden waren, obwohl wir schon vorher dort gelandet waren. Er teilte es jedem mit, der es hören wollte. Seine Zeugnisse stammten aus erster Hand!

Leider befand sich Grodin während dieses gesamten Geschehens in einem Zustand fortgesetzter Trunkenheit. So schenkte er den Warnungen der Regierung und der NASA, seinen Mund zu halten, da er die nationale Sicherheit durchbrach und verletzte, keinerlei Beachtung. 1978 endete er in einer psychiatrischen Anstalt, in der er, wie berichtet wurde, Selbstmord beging.

In dem Buch "Alternative drei" finden sich noch weitere aufsehenerregende Informationen. Sollten Sie das Glück haben, ein kursierendes Exemplar oder eine alte Kopie hiervon zu finden, wird dieses Buch Ihnen sicher die Schuhe ausziehen!

Fred Stecklings "Alien Bases On The Moon" - Außerirdische Basen auf dem Mond" - ist ein weiteres Buch, das auf die Regierungsverschwörung hinweist. Es enthält Fotos von der dunklen Seite des Mondes, die grünes Laub, Wasser und andere auf eine Atmosphäre und festes Land ähnlich unserer Erde hindeutende Eigenschaften zeigen. Steckling beweist, daß die NASA uns ihr Wissen nicht bekannt gibt. Anstelle dessen lassen sie uns glauben, daß der Mond keine Leben unterstützenden Elemente und eine feindliche Umgebung besitzt.

Warum diese Geheimhaltung? Warum fährt unsere Regierung ununterbrochen und einseitig mit dem Versuch fort, uns einer Gehirnwäsche zu unterziehen, spielt mit der Leichtgläubigkeit der Massen und belügt uns zu jedem Anlaß? Können 18 Millionen Menschen, die Begegnungen der ersten, zweiten und dritten Art mit UFO's hatten, sich irren, um so mehr, da eine große Anzahl von ihnen mehr als glaubwürdige Zeugen sind? Viele sind Präsidenten, Piloten von Luftfahrtgesellschaften, Polizisten, Doktoren, Rechtsanwälte, Geistliche, fachgebildete Laien und andere. Wie kann jemand angesichts dieser Zeugen die Existenz von UFO's leugnen?

Die Regierung tut es!

Kann es sein, daß die Regierung genauso wie unsere "außerirdischen Vorgänger" ultimativ plant, uns im Stich zu lassen, entweder wenn die Erdbedingungen nicht länger zu ertragen sind, oder wenn sie die Mond- und Marskolonisierung abgeschlossen haben? Ich wünsche, ich wüßte es!

Der beunruhigendste Aspekt ist wahrscheinlich die fortgesetzte Leugnung all dessen von Seiten der Regierung angesichts der Beweise, die andere Nationen vorlegen. Allem äußeren Anschein nach akzeptieren die Sowjets UFO's mehr als wir. So hält es auch China! Sie konsultierten 1982 Colonel Wendelle Stevens und baten um Unterstützung zur Identifikation und Akzeptanz Außerirdischer und UFOs.

Vor kurzem strahlte ein bedeutender Fernsehsender in den USA eine Sondersendung über die Geheimhaltung der Regierung bezüglich des UFO-Phänomens aus. Obwohl ich das Senden dieser Botschaft für mutig und zeitgemäß halte, ließ der Aufbau des Programms eine Menge zu wünschen übrig. Das präsentierte Material war mir suspekt; möglicherweise wurde das Programm von der Regierung unterstützt. Wieder tauchte die Frage in meinem Geist auf, ob dies einer Enthüllung entsprach oder wieder ein kluger Schachzug war, uns die Erkenntnis zu vermitteln und darauf vorzubereiten, daß Außerirdische wirklich unter uns sind.

Das Schweigen der Regierung, ihr Leugnen und ihre normale Haltung der Öffentlichkeit gegenüber, besonders in der Offenlegung vorliegender Beweise und was das Zeugnis ganz gewöhnlicher Menschen anbetrifft, ist verblüffend. Hat man ihnen dermaßen eine Gehirnwäsche verpaßt, daß sie mit der Wahrheit und der Logik nicht mehr klarkommen können? Warum dieses alberne Spiel, daß alle UFO's außerirdischen Ursprungs sind? Warum können sie nicht zugeben, daß wir ebenfalls Raumschiffe besitzen?

Ich bin sicher, daß die Mehrheit der Menschen stolz sein würde zu wissen, daß wir nun die Fähigkeit haben, den Weltraum über den Mond hinaus zu bewältigen. Warum es verbergen? Es sei denn, es existieren Hintergedanken. Wenn dem so ist, wer sind dann die Schuldigen? Die Außerirdischen? Das verzerrte Ego der Regierung? Das internationale Finanz-Kartell?

Während wir uns noch diesem Aspekt der UFO's widmen - all den vermeintlich außerirdischen - möchte ich Sie darüber informieren, daß immer, wenn Sie ein Raumschiff sehen, es jedesmal einer anderen Gattung angehören kann; einige sind US-Schiffe, andere die der Sowjets. Wieder andere gehören den Außerirdischen, der hohlen Erde oder der besagten Dritten Kraft an.

Behalten Sie im Sinn, daß diese Raumschiffe eine Vielzahl von Formen und Größen annehmen können: von kugel- und zigarrenförmig über länglich, quadratisch bis rechteckig. Letztens, während eines Treffens mit befreundeten Forschern, lernte ich eine neue Form kennen, die als bumerangförmig bezeichnet werden kann; sie wurde am häufigsten in Kalifornien beobachtet, und hier besonders im Antilopen-Tal (Antelope Valley). Der generelle Konsens besteht in der Annahme, daß es sich ebenfalls um Regierungs-UFO's handelt.

Admiral Byrd und die Außerirdischen

Hier möchte ich über UFO's, berichten, die der hohlen Erde entstammen. Vor fünf oder sechs Jahren fiel mir eine Kopie von Admiral Byrds bemerkenswertem Tagebuch und Fluglogbuch, das seine unabsichtliche Erforschung der hohlen Erde dokumentiert, in die Hände. Dieses Dokument besagt, daß Byrds Flugzeug, als es den Rand der äußeren zur inneren Erde passierte, sofort von zwei fliegenden Untertassen in die Mitte genommen wurde. Sie übernahmen die Kontrolle seines Aufklärungsflugzeuges C-47 über die Instrumente und Flugkontrollgeräte und landeten den propellerangetriebenen Flieger in senkrechter Form, sehr ähnlich einem Hubschrauber.

Als sein Flugzeug landete, näherte sich ihm am Boden ein Hoverkraft mit zwei männlichen Insassen, beide groß, blond und mit germanischem Aussehen. Der Admiral und sein Funker waren angewiesen worden, die beiden Männer zu einer fern gelegenen Stadt innerhalb der hohlen Erde zu begleiten. Um die Geschichte kurz zu halten: der eskortierte Besuch galt einem Ältesten, der "der Meister" genannt wurde. Der Meister bat Admiral Byrd um die Überbringung einer Botschaft an die Regierungen auf der Erdoberfläche. Die Nachricht lautete wie folgt: "Bitte stoppt die Explosionen Eurer Nuklearwaffen; solltet Ihr dies nicht tun, werdet Ihr mit größter Sicherheit schwierigen Zeiten entgegengehen."

Bemerkenswert war für Byrd und seinen Gefährten an diesem Erlebnis, daß es zu einem schnellen Ende kam. Beide wurden zu ihrem Transportmittel zurückgebracht und sie erhielten die Kontrolle über ihr Flugzeug zurück. Während ihres Rückfluges zu ihrer Heimatbasis passierten sie den Rand der äußeren Erde, und ihre Eskorte wünschte ihnen zur Verabschiedung auf deutsch "Auf Wiedersehen".

Interessant genug, daß die Fremden ihr Raumschiff "Flugerods" nannten. Könnten sie Mitglieder einer vergangenen germanischen Hochkultur sein, die weit vor dem 20. Jahrhundert lag?

Bis jetzt habe ich Betrachtungen darüber angestellt, daß unsere Regierung nicht nur ihre eigenen Raumschiffe besitzt, sondern wahrscheinlich auch den Mond kolonisierte.

Es gibt viele andere offensichtliche Verschleierungen, die mit geborgenen außerirdischen Raumschiffen und Körpern zu tun haben. Meist handelte es sich bei den Körpern um Leichname. Einige wurden lebend gefangengenommen. Ein klassisches Beispiel aufgebrachter UFO's sind die Raumschiffe von Roswell und White Sands. Um weiter über dieses Thema aufgeklärt zu werden, empfehle ich Ihnen, sich Leonard Stringfields "UFO Crash Retrievals, Amassing The Evidence, Status Report III, June 1982" (Wiederentdeckte UFO-Abstürze, Anhäufung von Beweisen, 3. Report, Juni 1982) zu besorgen und zu lesen. Dies ist eine von vielen herausragenden Dokumentationen von Stringfield, in welcher die angenommene bzw. vermutete Verschwörung auf Regierungsebene dargestellt wird.

Zunehmend mehr Berichte von aufgebrachten außerirdischen Raumschiffen und ihrem Personal kommen ans Tageslicht, die die Wahrheit über dieses Thema an die Oberfläche bringen und die Möglichkeiten der Regierung einschränken, fortgesetzt die Tatsachen zu leugnen. Diese Veröffentlichungen berichten von aufgebrachten Raumschiffen, die noch intakt oder bereits zerstört sind sowie von lebenden und toten Wesen. Diese Lebewesen sind bekannt als EBE's oder als außerirdische biologische Lebensformen (extraterrestrial biological entities). Obwohl die meisten von ihnen nur tot geborgen werden konnten, hatte unsere Regierung augenscheinlich das Glück, lebende EBE's an sich zu bringen. Vor kurzem hörte ich, daß der letzte der festgenommenen EBE's nach mehreren Jahren in der Gefangenschaft starb.

Lassen Sie uns ein bißchen weitergehen und uns mit den EBE's befassen, die in außerirdischen Gemeinschaften unter uns leben. In den vorherigen Kapiteln dieses Buches beschrieb ich meine persönlichen Kontakte und Beziehungen zu ihnen. Offensichtlich waren dies neutrale Erlebnisse und können als positiv eingestuft werden. Aber was ist mit denen, die nicht so gut sind und auch nicht unsere besten Interessen im Sinn haben? Existieren sie? Sie tun es mit Sicherheit und stellen augenscheinlich einen anderen Abschnitt in der Regierungsverschwörung und -verdeckung dar!

Der Dulce Fall, New-Mexico

Zur Erläuterung möchte ich gerne mit einem Ereignis beginnen, das der Dulce-Fall genannt wird.

Meine Aufmerksamkeit wurde - wenn auch etwas verspätet - durch einen Freund auf den Dulce Fall gelenkt. Bob und Sharon hatten sich in Dulce, Neu Mexico, aufgehalten und waren gerade zurückgekehrt. Sie erzählten, daß sie in Dulce gehalten hatten, um dort die Nacht zu verbringen, bevor sie nach Sedona in Arizona weiterfuhren. An diesem Abend gingen sie zum Essen aus. Während des Dinners hörten sie zufällig, wie einige Ortsansässige freimütig und laut über Entführungen von Stadtbewohnern durch Außerirdische zu experimentellen Zwecken diskutierten. Bemerkenswert hieran war, daß die Leute öffentlich in der Gegenwart von Fremden über diese Angelegenheit sprachen.

Der wesentliche Punkt ihrer Unterhaltung drehte sich darum, daß tatsächlich eine außerirdische Gemeinschaft, d.h. die Außerirdischen, unfreiwillige menschliche Versuchskaninchen aus der allgemeinen Bevölkerung von Dulce nahmen und Implantate in ihre Köpfe und Körper einsetzten.

Während der Diskussion wurden einzelne genannt, die in diese Angelegenheit verwickelt worden waren. Die Bewohner brachten ihre Angst und Entrüstung darüber zum Ausdruck, daß man sich an den Entführten physisch und psychisch vergangen hatte. Die Stadtbevölkerung fürchtete sich und war wütend, aber sie sah keinen Ausweg, da die Außerirdischen mit Wissen und Billigung der Regierung handelten.

Als Bob die Geschichte erzählte, erschreckte es mich, daß etwas von solch großer Bedeutung von unserer Regierung gebilligt wird. Wäre diese Story von jemand anderem als Bob gekommen, wäre ich sofort skeptisch gewesen, aber da ich Bob gut kenne, weiß ich, daß er nicht zu wilden Fantasien neigt.

Ungefähr eine Woche später fand Bob einen Zeitungsartikel vom September 1988, der die Schlagzeile trug: "AUSSERIRDISCHE HABEN GEHEIME BASIS IN NEW MEXICO." Eine andere Schlagzeile lautete: "FÜHRENDE WISSENSCHAFTLER DER WELT IN KRISENSITZUNG."

Hier stand es schwarz auf weiß; ein Ereignis, das ich schon die ganze Zeit untersuchte! Der Artikel beruhte auf vertraulichen Berichten des bedeutenden UFO-Forschers Leonard Stringfield. Stringfield legte dar, daß die Dulce-Operation auf ein Einverständnis der USA mit der Sowjetunion beruhte.

Andere Artikel zum gleichen Thema brachten dies: "UND SIE BENUTZEN MENSCHLICHE VERSUCHSKANINCHEN FÜR BIZARRE GENETISCHE VERSUCHE MIT ZUSTIMMUNG DER REGIERUNG." Ich setze voraus, daß diese Außerirdischen Menschen zur Rückgewinnung dessen nutzen, was sie einst verloren haben, nämlich ihre Menschlichkeit, was Emotionen, Empfindsamkeit, Liebe und besonders die Fähigkeit, Spiritualität zu empfinden und auszudrücken, mit einschließt.

Dieses hier ist ein stichhaltiges Beispiel für eine Gruppe von Außerirdischen, die wissen, daß sie ohne uns das, was sie verloren haben, nicht wiedergewinnen können. Sie werden versuchen, es um jeden Preis zurückzubekommen; auch wenn sie Menschen dafür als Ersatzteile oder Versuchskaninchen nutzen. Natürlich gehen sie fehl, denn mit physischem Austausch erkaufen sie sich nur Zeit, der Austausch ist kein Heilmittel und wird sie nicht befähigen, ihre Spiritualität zurückzugewinnen; sie ist das alleinige und einzige Mittel zur Transformation und Erreichung eines höheren Bewußtseins.

Wir haben hier den Beweis, daß die Regierung ihre Verantwortung als gewählte Schutzherrin nicht erfüllt. Wo sind wir angelangt, wenn unsere Regierung, die gewählt wurde zu unserem Schutz, sich plötzlich gegen uns wendet und uns an die Außerirdischen verkauft?

Als ich diese Geschichte über das Vorkommen in Dulce las, konnte ich nicht anders, als mich an einen Ausspruch unseres ehemaligen Präsidenten Gerald Ford zu erinnern, den ich in einem früheren Buch zitiert habe: "ES IST FÜR DIE AMERIKANER AN DER ZEIT, IHRER REGIERUNG DIREKT INS AUGE ZU BLICKEN UND ZU SAGEN: "ES IST GENUG!" WIR TREFFEN DIE ENTSCHEIDUNGEN FÜR UNSER LEBEN. IHR BESCHÜTZT UNS VOR FREMDEN AGGRESSOREN UND EINHEIMISCHEN KRIMINELLEN, GEBT UNS EINE STABILE WÄHRUNG UND RECHTSPRECHUNG, UND WIR WERDEN DEN REST TUN!"

Betrachten Sie die Aussage von Präsident Ford; er sagt, daß die Regierung verantwortlich dafür ist, "uns zu schützen vor fremden Aggressoren und einheimischen Kriminellen". Ich bin sicher, daß Präsident Ford nicht im Traum daran dachte, seine Erklärung würde fremde Außerirdische oder Aliens mit einschließen.

Auch zu der Zeit, als ich der Regierung aufs kritischste gegenüberstand, hätte ich mir nicht träumen lassen, daß sie solch tadelnswerte Handlungen billigt. Was ist mit der Moral geschehen, dem Einfühlungsvermögen und dem Interesse an unseren Mitmenschen? Ist unser Bewußtsein schon so verdorben, daß wir freiwillig und erfreut so etwas Heiliges wie das Leben verwirken, um einen kleinen Teil einer fragwürdigen Technologie zu erringen? Können die Verantwortlichen nicht sehen, daß die Außerirdischen von ihrer Technologie im Kreis geführt wurden und sie zu ihren Wurzeln zurückgekehrt sind, zur Erde?

Wenn wir nicht vorsichtig sind, wird es uns ebenso ergehen. Wir müssen zu unserer ausgewogenen Mitte zurückkehren, in dem Glauben und Spiritualität an erster Stelle stehen. Fortgeschrittene Technologie ist wichtig, aber sie wiegt nicht das auf, was wir verlieren können.

Der John Lear Fall

Vor kurzem erhielt ich ein Papier mit dem Titel: "Erklärung, freigegeben von John Lear, 29. Dezember 1987, Zusammenfassung."

Sollte auch nur etwas von Lears Bericht der Wahrheit entsprechen - ich glaube, daß dem so ist - dann ist der Zeitpunkt gekommen, an dem wir der Regierung ins Auge blicken und nachdrücklich erklären müssen: "Es ist genug!"

Bis jetzt konzentrierten wir uns auf die Verschwörung und Verdeckung der regierungseigenen geheimen Raumschiffe sowie der gekaperten (meist unbemannten) Raumschiffe und Wesen. Nun gehen wir über zu den gegenwärtig lebenden, atmenden Typen. Dieser Abschnitt basiert auf dem höchst glaubwürdigen Zeugnis des John Lear.

John Lear hält über 17 Geschwindigkeitsweltrekorde. Er flog 160 verschiedene Arten von Flugzeugen und ist der einzige Pilot, der alle Flugscheine innehat, die von der US-Bundesluftfahrt-Verwaltung ausgegeben wurden. Er arbeitete für den CIA und andere Regierungsdienststellen. Er ist der Sohn von William P. Lear, dem berühmten Konstrukteur des Lear-Jets, der 8-Spur-Stereo-Tonbandgeräte und vieler anderer Erfindungen.

John Lear ist kein gewöhnlicher Mann. So wie auch ich war er bei hohen Regierungsdienststellen tätig und wagt es dennoch, offen zu sprechen.

John Lears Zeugnis, mündlich sowie schriftlich, gibt einen schockierenden Einblick in den Dulce-Zwischenfall und in vieles mehr. Aber bevor wir in die Einzelheiten gehen, lassen Sie uns auf einige Aspekte der UFO-Geschichte eingehen, die zu Dulce hinführen.

Während Trumans Amtsperiode war die Anzahl der UFO-Sichtungen, besonders die über der nationalen Hauptstadt, so intensiv, daß Truman eine spezielle und geheime Gruppe aufstellte, eingesetzt durch Regierungsbeamte in Schlüsselpositionen; MJ-12 genannt. Diese elitäre und ultrageheime Organisation existiert bis heute.

Die damalige heftige außerirdische Aktivität war augenscheinlich ein Signal, daß die Außerirdischen mit uns zu kommunizieren wünschten. Die erste Verständigung erfolgte am 30. April 1964 auf der Holloman Luftwaffenbasis in New Mexico. Wie vorgegeben landeten dort drei Untertassen, und ein Treffen fand statt zwischen den Außerirdischen und unserer Regierung. Während der fortgesetzten Treffen zwischen 1969 und 1971 wurde ein Geschäft zwischen MJ-12 und den Außerirdischen abgeschlossen. Bei dem Geschäft ging es um außerirdische Technologie. Als Gegenleistung für ihre

Technologie durften die Außerirdischen Sie und mich als menschliche Versuchskaninchen für biologische Experimente nutzen.

Gemäß der verfügbaren Unterlagen stimmte MJ-12 auch zu, die bekannt gewordenen Viehverstümmelungs-Zwischenfälle zu verheimlichen, welche ein Teil der Abmachungen bezüglich fortlaufender biologischer Untersuchungen der Außerirdischen waren.

Der Regierung wurde angeblich von Seiten der Außerirdischen gesagt, daß der Grund für die Entführungen von Menschen und für die Experimente an ihnen der sei, daß sie der Beobachtung von Zivilisationen dienen, die sich weiterentwickeln. Würden die Außerirdischen lügen? Da können Sie darauf wetten! Und sie taten es!

Es scheint, daß sie uns wahllos benutzen und sich nicht länger an ihr Versprechen des begrenzten Experimentierens halten. Sie erschaffen menschliche Hybriden, nicht nur, um ihre Menschlichkeit und Spiritualität zurückzugewinnen, sondern auch, um diese Wesen zwischen uns anzusiedeln und so später den Planeten zu kontrollieren und zu manipulieren. Sie brauchen ganze Generationen, um von den Entführten und dem Vieh die Enzyme und den genetischen Code zu extrahieren, was ihr gegenwärtiges und zukünftiges Überleben erfordert. Ich könnte dies in weiteren grausamen Einzelheiten schildern, aber ich möchte Sie von dem schreckenerregenden Tatbestand verschonen. Sie können in John Lears Unterlagen darüber nachlesen (siehe Bibliographie).

Solch ein Verhalten macht deutlich, daß unsere Regierung von ihrem Weg abgekommen ist! Aber so geht es auch uns! Wir als Nation und Volk wurden dekadent, faul, sorglos und verwirrt, um nicht zu sagen: amoralisch. Wie hätten wir sonst so etwas Abscheuliches zulassen können?

Sollte der Lear-Report wahr sein, wurde unsere Regierung durch ihre eigene Schuld von den Außerirdischen getäuscht. Wieder war sie nur der Träger und das Mittel, um all dies zustande zu bringen. Da es soweit gekommen ist, sind wir genötigt, dem ins Auge zu sehen. Es liegt bei uns allen, diese Herausforderung oder diesen Test anzunehmen und durch spirituellen Fleiß zu erkennen, daß alles, was bedrohlich sein kann oder wird, nur Illusion ist. Mit richtigem Denken und richtigem Handeln kann die Bedrohung verändert oder beseitigt werden. Laßt es uns tun! Laßt uns in Liebe und Licht einen Schritt vorwärts gehen, um dadurch alle Angst zu zerstreuen. Wappnen wir uns mit der einfachen und beständigen Wahrheit, daß Gott Liebe ist, denn nichts kann vor dieser Wahrheit bestehen. Dies schließt unsere gequälten und falschen Brüder mit ein, die negativen Außerirdischen. Laßt uns sie nach Hause schicken, wo sie hingehören. Laßt uns den göttlichen Plan anwenden und zusammen mit ihnen in das Licht gehen.

Tom Paine

Eine der hauptsächlichsten Wahrheiten dieser Nation wurde von Tom Paine, einem unserer nationalen Gründerväter in seiner "Rights of Man" - Menschenrechtserklärung - geäußert.

"IN DEM SYSTEM DER (VOLKS-)VERTRETER MUSS DIE URSACHE FÜR ALLES DER ÖFFENTLICHKEIT DARGELEGT WERDEN. JEDER

MANN IST EIN MITEIGENTÜMER DER REGIERUNG UND BETRACHTET ES ALS UNERLÄSSLICHEN TEIL SEINES LEBENS, ZU VERSTEHEN. ES IST IN SEINEM EIGNEN INTERESSE, DA ES SEIN EIGENTUM BETRIFFT. (Und hier können wir hinzufügen, "AUCH SEIN LEBEN".) ER PRÜFT DIE KOSTEN UND VERGLEICHT SIE MIT DEN GEWINNEN UND DARÜBER HINAUS MACHT ER SICH NICHT DEN BRAUCH DER SKLAVISCHEN ANHÄNGERSCHAFT AN SOLCHE ZU EIGEN, DIE IN ANDEREN REGIERUNGEN FÜHRER GENANNT WERDEN."

Paine spricht unmittelbar über unser Recht zu wissen und über die Verantwortung der Beamten, die Öffentlichkeit über lebensbedrohliche Entscheidungen zu informieren, die unser Leben beeinflussen. Offensichtlich haben wir dieses Prinzip als Regierung und Volk vergessen, denn sonst hätte sich dieses Dilemma mit den Außerirdischen niemals ereignen können.

Das amerikanische Volk und die verantwortlichen Regierungsführer müssen wegen dem, was auf vielen Ebenen geschah - und nicht nur wegen des gegenwärtigen Problems mit den Außerirdischen - , wieder einmal das erwägen, was Tom Paine sagte. Die Menschen müssen das Recht einfordern, an diesen lebensbedrohlichen Entscheidungen teilhaben zu können und von der Regierung verlangen, daß sie ihre Haltung des großen Bruders, der es besser weiß, aufgibt. Eine vernünftige Regierung ist eine offene Regierung, und als gewählte Volksvertreter liegt es in ihrer Verantwortung, das Volk zu schützen.

Hätten wir Tom Paines Erklärung beachtet, wären wir nie in diese Zwangslage mit den Außerirdischen gekommen. Paines Eröffnungsaussage, in die Praxis umgesetzt, reicht aus, um jede schädliche und lebensgefährliche Situation abzuwehren. Würde sich alles in der Öffentlichkeit abspielen, so wie Paine es vorschlug, hätten sich die ausgewogeneren und überzeugenderen Denker durchgesetzt. Es ist wahrlich unser Eigentum, das unsere größte und sorgsamste Aufmerksamkeit verdient. Wenn wir das im Gedächtnis behalten, können wir unserer Regierung und ihren Beamten moralisch und wahrhaftig nicht alle Schuld anlasten, da wir all jenes erlaubt und kreiert haben. Diese von uns Beauftragten müssen noch einmal zur Verantwortung angehalten werden. Der wahre Sitz der Macht ist in uns. Die Ausübung dieser Macht (dieses Rechts) wird Zwischenfälle wie Dulce und andere ausschließen.

Der Dulce-Fall ist nur ein Auszug aus der Regierungsverschwörung und -verschleierung und signalisiert: ES IST GENUG!

Um den Dulce-Fall abzuschließen, der allem Anschein nach einer von vielen ist: Nun haben wir eine verängstigte Bevölkerung, die öffentlich ihre große Sorge ausdrückt und hofft, daß die Hilfsquellen der Regierung ihnen bei der Eliminierung der Bedrohung durch diese Außerirdischen beisteht. Aber wie können sie das, da sie versehentlich ein Teil des Problems wurden? Was sind die Absichten dieser Entführungen? In Übereinstimmung zu informierten Quellen sind es folgende:

* Einsetzung von Implantaten ins Gehirn, dadurch wird es den Außerirdischen ermöglicht, ihr Opfer biologisch zu überwachen, zu verfolgen und zu kontrollieren;
* Anwendung posthypnotischer Suggestionen zur Durchführung bestimmter Missionen von wahrscheinlich feindlicher Natur innerhalb der nächsten zwei bis fünf Jahre;
* Falls nötig, und durch implantierte Kontrollvorrichtungen, lebende Wesen dahingehend zu bestimmen, als zukünftige Quellen für biologisches Material und Substanzen zu dienen. Jedes dieser unglücklichen Individuen ist eine lebende, laufende Zeituhr, die darauf wartet, von den Außerirdischen aktiviert zu werden;
* Zerstörung derer, die nicht konform gehen oder nicht kooperieren durch Einsatz implantierter Kontrollvorrichtungen;
* Gentechnische Manipulationen durchzuführen.
* Befruchtung weiblicher Menschen und frühzeitige Beendigung der Schwangerschaft, um an das gemischtrassige Kind zu gelangen;
* Offensichtlich geschieht bereits einiges oder sogar alles in Gegenden wie Dulce und an anderen Orten: Groom Lake, Nevada; Sunspot, Datil, Roswell und Pie Town, New Mexico. Kein Wunder, daß die Einwohner heftig empört sind! Wären Sie es nicht auch?
* Wenn etwas oder alles hiervon wahr ist, befinden wir uns, das Volk und die Regierung, inmitten einer ungeheuren Lernsituation, die das Volk und die Nation meistern oder an der sie zerbrechen werden. Sollten die

Außerirdischen hier sein und sollte es ihrer Absicht entsprechen, uns für biologische Experimente auszubeuten, ob lebendig oder tot, dann laßt uns das letzte Wort in unserer hoffnungslosen Lage sprechen!

Als eine Nation und ein Volk müssen wir unsere größte Waffe, es ist die Spiritualität, einsetzen und organisieren, und durch Nutzung dieser unbegrenzten Kraft so auf unsere mißgeleiteten außeriridischen Brüder einwirken, daß sie nach Hause gehen und von ihrem Tun ablassen und damit aufhören.

5. Kapitel

Die Spiritualität der Außerirdischen und UFOs

Wir verweilten bei den phänomenalen, den bizarren und beängstigenden Aspekten der Außerirdischen und UFO's. Wir machten unsere Regierung verantwortlich für die fortgesetzte Täuschung, Verleugnung und gewissenlose Haltung. Dies war nötig, um Sie darüber zu informieren, daß das Umfeld der Ufologie größer ist als angenommen.

Das Umfeld der Ufologie ist komplex und voller Fallgruben, Fußangeln und Überrraschungen für den Unbedachten und Uninformierten. Ich zucke zusammen, wenn ich Menschen sagen höre, sie wünschten sich, daß ein UFO in ihrem Hinterhof landete "weil ich innerhalb einer Minute mit ihnen gehen würde". Meine Hoffnung ist, daß durch dieses Buch diese Menschen dazu veranlaßt werden, ihr gefährliches und kindisches Verhalten zu überdenken.

Die Wächter

Bisher sprachen wir in der Haupsache über die negativen Typen, die Kellerkinder. Was ist mit den guten Wesen? Existieren sie?

Sie tun es und übertreffen die Anzahl der negativen bei weitem, sind aber nicht so offensichtlich. Sie versuchen nicht, wie die schlechten Artgenossen, unseren freien Willen zu beeinflussen. Diese guten Wesen sind durch

Anwendung von Liebe, Licht und Ausgewogenheit jederzeit erreichbar. In der Praxis stellen diese wichtigen spirituellen Elemente tatsächlich einen Schutzschild oder Schutzschirm gegen die Negativen bereit.

Die unglücklichen Entführten und die Kontaktler haben, entsprechend ihrer unausgewogenen Natur oder aufgrund ihrer momentanen Lage, auf unbewußte Weise diese weniger guten Elemente angezogen. Umgekehrt setzen sich die, die ausgeglichen sind und im Licht gehen, keinen nachteiligen Folgen aus. Ein Fall, der diese Aussage bekräftigt, wurde mir erst vor kurzem durch eine Bekannte mitgeteilt. Sie berichtete mir eine erstaunliche Geschichte von ihrer besten Freundin in New Mexico.

Es scheint, daß ihre Freundin zu einem unfreiwilligen Entführungsopfer wurde. Das bemerkenswerte dieser Geschichte liegt in der Handlung dieser Frau, nachdem sie entführt und an Bord eines Raumschiffes gebracht worden war. Sie widersetzte sich den Außerirdischen auf mentaler und spiritueller Ebene und nicht, wie es andere taten oder auch nicht, auf der körperlichen Ebene; eindringlich teilte sie ihren Entführern mit, daß ihre Handlungen dem universellen Gesetz widersprechen. Das universelle Gesetz besteht aus der Unantastbarkeit des freien Willens, der Liebe zu allen Lebewesen, den belebten und unbelebten, und dem Gesetz des göttlichen Bewußtseins.

Sie rief das Christuslicht an, ihr Licht des Glaubens, hüllte sich und ihre Entführer darin ein und verlangte von ihnen, daß sie Verbindung zu ihren Vorgesetzten aufnähmen, um ihre gemachten Aussagen zu bestätigen. Dieses unerwartete Verhalten brachte die Außerirdischen augenscheinlich in einen Zustand der Unsicherheit. Sie konsultierten tatsächlich ihre übergeordnete Autorität und erfuhren, daß sich die Frau im Recht befand. Sie entließen sie unversehrt und unangetastet. Dieser Vorfall illustriert deutlich die Macht und Wirkung des In-Liebe-Wandelns, des Lichts, der Ausgeglichenheit und den Gebrauch der Kraft.

Die guten Außerirdischen werden die Wächter genannt. Sie arbeiten unter dem Befehl des göttlichen Einflusses und haben einen Kommandanten, der das Haupt aller UFO's darstellt. Tatsächlich sind die meisten der außerirdischen Raumschiffe spirituelle Fahrzeuge, welche ausgesandt wurden, um uns zu helfen. In Übereinstimmung mit dem universellen Gesetz werden sie unseren freien Willen nicht antasten.

Die Wächter arbeiten mit uns auf unterbewußter Ebene; sie senden uns Botschaften durch Schwingungen und Harmonien, die hoffentlich auf eine ihnen gewogene Erwiderung treffen. Lassen Sie uns annehmen, daß sie unser Bewußtsein auf eine neue und erforderliche Ebene anzuheben wünschen. Um diese Aufgabe erfüllen zu können, durchtränken sie die Menschheit mit einer gegebenen Frequenz oder Harmonie und hoffen, daß unsere Reaktion aufnahmebereit und entgegenkommend sein wird. Dieses Ersuchen erfolgt indirekt! Am Ende treffen wir anhand des freien Willens die Entscheidung, dieses hereinkommende und vorprogrammierte Kommando zu akzeptieren oder abzulehnen.

In einer jüngst erfolgten Diskussion mit einem Entführten erklärte ich die Vorgehensweise und versuchte ihm dadurch klarzumachen, in welcher Weise ihm Schaden zugefügt worden war. Ungeachtet des Terrors und der Demütigungen, denen er während seiner Entführung ausgesetzt war, sagte er zum Schluß: "Weißt du, ich glaube nicht, daß sie wirklich schlecht sind. Es ist nur, daß sie nicht wissen, was sie da tun!" Erinnern Sie sich daran, wie oft Entführungsopfer diese Worte sagen und vergleichen Sie die Handlungen der negativen Außerirdischen mit denen der Wächter! Wenn dieser Entführte nicht einer Gehirnwäsche unterzogen worden wäre - was meiner Meinung nach geschah -, hätte er eine solche Aussage bestimmt niemals gemacht.

UFO's sind älter als die Geschichte, und ihre Erwähnung kann in fast allen alten Chroniken gefunden werden, sei es in der Bibel oder in uralten ostindischen Manuskripten. In vielen Fällen waren die UFO's offensichtlich verantwortlich für die Änderung des Schicksals, des Denkens, des Verhaltens von Regierungen und der Menschheit. Da die meisten dieser Zwischenfälle von Vorteil waren, können wir annehmen, daß sie repräsentativ sind für die Kräfte des Lichtes oder die der Wächter.

Einige dieser Beispiele zu prüfen, ist aufregend und informativ, aber man sollte die darin enthaltene Phantasie ebenso akzeptieren und nutzen.

Lassen Sie uns mit der Bibel und zwei biblischen Männern beginnen, die sehr wahrscheinlich durch UFO's beeinflußt wurden, ihren Lebensweg und die Geschichte zu verändern. Diese Männer sind Hesekiel und Jona.

Beginnen wir mit dem Buch des Propheten Hesekiel, Kapitel 1, Vers 3 und 4:

"Da geschah des Herrn Wort zu Hesekiel, dem Sohn Busis, dem Priester, im Lande der Chaldäer, am Wasser Chebar; daselbst kam die Hand des Herrn über ihn. Vers 4: Und ich begann zu sehen, und siehe, da war ein stürmischer Wind, der von Norden kam, eine große Wolkenmasse und zuckendes Feuer, und ein Glanz war daran ringsum, und mitten aus ihm hervor, da war etwas wie der Anblick von Bernstein (in d.dtsch. Bibelübers.: Goldsilber, auch Kupfer - Anm. d. Übers.), mitten aus dem Feuer."

Allgemeines Verstehen und Vertrautheit mit UFO's kommt hier deutlich zum Vorschein. Hesekiel hatte eine göttliche UFO-Erfahrung. Die Information, die er während dieser Begegnung erhielt, war noch lange Zeit später verantwortlich für die Verwaltung judäischer Angelegenheiten.

Unser zweites biblisches Beispiel hat mit Jona zu tun, Kapitel 1, Vers 17: "Aber der Herr verschaffte einen großen Fisch, Jona zu verschlingen. Und Jona war im Leibe des Fisches drei Tage und drei Nächte."

Wenn Jonas Erfahrung nicht einer Traumvision entsprach, dann schloß dieses Erlebnis logischerweise den erstickenden Bauch eines Walfisches aus; es handelte sich höchstwahrscheinlich, und das kommt der Wahrheit näher, um den Bauch eines Unterwasser-UFO´s oder eines Raumschiffes. Bis heute haben wir Sichtungen von Unterwasser-UFO´s, die von Schiffen und Unterseebooten aus gemacht werden.

Obwohl das nächste Beispiel nicht aufgezeichnet wurde, sagen mir meine kognitiven Fähigkeiten sowie auch die Hinweise anderer, die ähnlich denken wie ich, daß Moses und seine Gefolgsleute von einer Art Raumschiff überleuchtet (nicht überschattet) und kontrolliert wurden; ansonsten wäre vieles von dem, was sie erlebten und zu ertragen hatten, unerklärlich. Ein klassisches Beispiel ist die Teilung des Roten Meeres, als der Tod aus den Händen der pharaonischen Streitkräfte unvermeidlich wurde. So, wie es war, richtete Moses seinen Hirtenstab aus, wobei es sich augenscheinlich um einen elektrischen Sender/Empfänger handelte; er verband sich dadurch mit dem beobachtenden Raumschiff, das den Stab programmierte. Bedenken Sie, wie zeitlich genau und wie geschickt die Teilung des Wassers vollzogen wurde; alles in göttlichem Auftrag und in dieser Abfolge, um Moses und seine Leute zu retten und die Feinde zu bezwingen und zu zerstören.

In zwei weiteren Beispielen dreht es sich um Wasser und Manna. Lassen Sie uns mit dem Ereignis um das Wasser beginnen.

Moses und seine Gefolgschaft waren für Tage ohne Wasser und der vollständigen Austrocknung nahe. Da ersuchte Moses Gott den Herrn (das UFO), ihnen Wasser zu geben. Er wurde erhört, seine Bitte erfüllt und dabei angewiesen, einen Felsen dreimal mit seinem Stab anzuschlagen. Moses unterhielt sich auf telepathischem Wege mit dem Raumschiff. Wie ihm geheißen wurde, schlug er auf den Stein, und ein großer Geysir Wasser schoß heraus, der fortan all ihre Bedürfnisse erfüllte.

Scheinbar waren die Menschen bald des täglich immer gleichen Essens überdrüssig, - vielleicht von Hammelfleisch und Reis - und verlangten von Moses, er möge ihnen etwas schmack- und nahrhafteres geben. Sicherlich enthielten ihr begrenztes Lebensmittelangebot und die strengen Regeln wenig Nährstoffe und Attraktivität und ließen vieles zu wünschen übrig. Schließlich übermittelte Moses diese Beschwerden dem beobachtenden Schiff und wurde angewiesen, die Frauen mit Körben in die Morgendämmerung hinauszuschicken, um dann - wenn der Tau fiel - das an den Büschen hängende Manna aufzulesen. Dieses Manna war verführerisch geschmackvoll und enthielt gleichzeitig alle erforderlichen Nährstoffe. Seine Beschaffenheit war die von Zuckerwatte, befriedigte den Gaumen und sättigte.

Immer, wenn ich diese Geschichte erzähle, fragen mich die Leute, wie das Manna hergestellt wurde. Meine kognitiven Fähigkeiten sagen mir, daß das Raumschiff die Moleküle der elektromagnetischen Atmosphäre änderte, modifizierte und restrukturierte. So verdichtete und formte sich das Manna und wurde mit den benötigten Nähr- und Geschmacksstoffen durchtränkt. Es fiel dann zur Erde und blieb an den Büschen hängen. Dieses UFO, wahrscheinlich ein Mutterschiff, gab sich wohlwollend und gehörte zu den Wächterkräften.

Die Wächter stellen die Siegermächte dar, da festgelegt ist, daß die Kräfte des Lichtes diesmal die Oberhand gewinnen werden.

Die Kräfte der Finsternis

Während die Wächterkräfte die positive Seite repräsentieren, stehen die dunklen Kräfte für den Gegensatz, das Negative, dessen Ziel es ist, uns dazu zu verleiten, zu versagen und vom Weg abzuirren. Ihre Schwingungsebene zieht uns in ihren Zustand fortgesetzter Regression hinein, da sie nur ihre eigenen Interessen im Sinn haben. Sie werden sich widersetzen und mit Hilfe ihrer Macht versuchen, uns während unseres Aufstiegs entgleisen zu lassen.

Lassen Sie uns aus diesem Szenarium einen Schritt nach vorne machen und erkennen, daß jetzt die Kräfte der Finsternis direkt für die Kräfte des Lichtes arbeiten.

Wie kann das wahr sein? Vielleicht werden Sie den Standpunkt dieser beiden Mächte, die Wächter und die

Kräfte der Finsternis, verstehen und akzeptieren, so wie es die Indianer tun. Durch die gesamte indianische Geschichte hindurch werden diese zwei Kräfte als Zwillingsbrüder erwähnt, der Herr des Lichtes und der Herr (Fürst) der Finsternis. Diese zwei Brüder lieben sich und werden gleichermaßen akzeptiert und anerkannt von ihrem Vater/ihrer Mutter, dem großen Geist. Beide sind sich bewußt, daß entsprechend der Natur unserer Welt und ihrer Polarität jeder von ihnen von Zeit zu Zeit gegensätzliche Rollen zu spielen hat. Jeder trägt seine Rüstung im Hinblick auf seine Mission, egal ob es Licht oder Finsternis ist, und trägt sie in Übereinstimmung mit dem allumfassenden göttlichen Plan.

Dennoch sind sie liebende Brüder und Teil einer Zwillingsseele, in einer Welt der Illusion oder der Gegensätze!

Der Maya-Kalender

Jeder von uns hat einen göttlichen Auftrag, der in Übereinstimmung mit dem göttlichen Plan ausgeführt wird. Das beste Beispiel dieser Existenz-Grundlage bezeugt der Maya-Kalender. Er spiegelt den allumfassenden göttlichen Plan wieder.

Der Maya-Kalender ist in 13 Himmel und 9 Höllen unterteilt, die fortlaufend von dem einen oder anderen Fürsten, dem Fürsten des Lichts und dem Fürsten der Finsternis, geleitet und beherrscht werden. Über die 13 Himmel präsidiert der Fürst des Lichtes, wohingegen die 9 Höllen dem Fürsten der Finsternis unterstehen.

Sie arbeiten zusammen, entsprechend ihrer Abmachung. Zuerst agiert der Fürst des Lichts. Er regiert hauptsächlich während der Periode der Erleuchtung, unterstützt die Menschheit in ihrem Bemühen, das Licht zu erreichen und die Realität zu akzeptieren, daß dies nur eine Welt der Illusion ist.

Dann kommt die Prüfungsphase, um zu sehen, ob wir unsere Lektionen gut gelernt haben oder nicht. Oftmals ist alles, woran wir uns in diesen abgründigen Zeiten halten können, der GLAUBE. Dann spielt der andere Bruder seine Rolle, der Fürst der Finsternis. Dieser Fürst ist auf der gleichen Ebene und Basis genauso ein Auserwählter wie sein Zwillingsbruder. Seine Aufgabe jedoch besteht darin, zu prüfen, wie gut der Mensch vom Fürsten des Lichts gelernt hat und fähig ist, das Gelernte in die Praxis umzusetzen. Er tut dies geschickt durch Täuschung, Gier, Ego, Geiz, Haß, Macht und vieles mehr. Er bemüht sich, Sie von den Prinzipien der Wahrheit, Integrität und allen anderen Eigenschaften abzubringen, die mit dem Licht verbunden sind.

Als Menschengeschlecht ertrugen wir 9 dieser Höllen, jede währte 52 Jahre; die letzte fiel auf den Zeitraum zwischen 1935 und 1987. Die Geschichtsschreibung bezieht in diese Periode den Aufstieg Hitlers und des Dritten Reiches, den Zweiten Weltkrieg, den Koreakrieg, den Vietnam-Konflikt mit ein. Alle diese Kriege betrafen die gesamte zivilisierte Welt. Sie dienten als Handlanger, erschaffen vom Fürsten der Finsternis, um zu überprüfen, was sein Zwillingsbruder uns lehrte.

Halten Sie einen Moment inne und bringen Sie all dies in Verbindung mit dem Positiven und dem Negativen oder mit Christus und Luzifer. Können Sie sich ein Bild davon machen?

Das gleiche Prinzip gilt für das UFO-Szenario, für die Guten und die Schlechten. Obwohl ich die weniger guten Außerirdischen verurteile - und das zu recht - sind sie ein

Teil des allumfassenden göttlichen Planes. Es ist unsere und die Aufgabe der Regierung, sie an ihren Platz zu verweisen. Wie unsere Regierung offensichtlich erkannt hat, können wir als Volk nicht, - wenn wir als eine Nation, als eine Welt überleben wollen - ihre fehlerhaften und destruktiven Wege gutheißen. Wir müssen sie herausfordern, wie diese entführte mutige Frau aus New-Mexico, und ihnen klarmachen, daß sie sich an den universellen Gesetzen und den Prinzipien des Lichts vergehen. Wir müssen sie dazu anhalten, nach der höheren Wahrheit zu streben und dazu bringen, ihr falsches Handeln zu erkennen.

Ich fühle mich durch das mutige Handeln dieser ungewöhnlichen und einzigartigen Frau sehr ermutigt. Ihr positives lichtvolles Handeln beweist, daß, konträr zu dem Denken und zum Geschehenlassen vieler anderer, ihre Entführungen nicht zwingend notwendig waren. Es beweist ebenfalls, daß die Kräfte der Finsternis diesmal für die Kräfte des Lichtes arbeiten; andernfalls wäre unser Hoffen und Sehnen nach dem Aufstieg vergebens.

Am Anfang dieses Kapitels erklärte ich, daß das negative Szenarium nicht mehr stattfinden muß, wenn wir in Liebe, Licht und Ausgeglichenheit wandeln, handeln und daran glauben - es sei denn, Sie erlauben es! Die Anwendung dieser göttlichen Prinzipien ist unsere schützende Rüstung und verhindert alle Wahrscheinlichkeiten einer Entführung.

Wir wissen jetzt, daß die Außerirdischen verloren sind, und daß sie versuchen, ihre Menschlichkeit und Spiritualität wiederzugewinnen. Ihre Vorgehensweise ist beängstigend und falsch; wir sollten uns jedoch nicht davon abschrecken lassen!

Ich würde all denen raten, die in diese alptraumhafte Situation verwickelt sind, die Spiritualität als Abschrekkungsmittel zu gebrauchen. Dies gilt für die Stadt Dulce, für unsere Regierung, für die Bevölkerung und speziell für die Entführten. Sollte jemand dies in Frage stellen, schlage ich ihm vor, meine ursprüngliche Erklärung zu überdenken, daß die Kräfte der Finsternis der Prüfungsträger für die neu erlernte Wahrheit sind.

Gegenwärtig befinden wir uns in dieser Zeit der Prüfung. Auf allen Ebenen müssen wir maßgeblich mit Liebe, Licht, Ausgeglichenheit und Vergebung reagieren. Der Dulce-Zwischenfall ist die beste Möglichkeit, diese große kosmische Wahrheit anzuwenden. Technologie wird die von den Außerirdischen geschaffenen Probleme nicht überwinden können, sondern nur die Spiritualität.

Durch planetare Gruppengebete, Meditation und die fleißige Anwendung der Prinzipien von Liebe, Licht, Ausgewogenheit und Vergebung werden zauberhafte Veränderungen eintreten und von allen gemeinschaftlich wahrgenommen werden. Verwirklichen Sie diese Prinzipien, dann werden die Wächterkräfte sich unverzüglich um Sie kümmern und Ihnen bei der Beseitigung oder Auflösung der negativen Kräfte beistehen!

Was mehr kann ich tun, als die Entführten zu bitten und sie aufzufordern, sich dem Licht zuzuwenden und ihre Kräfte mit denen der Wächter zu verbinden, die in Wirklichkeit unsere wahren Mentoren und Brüder sind? Glauben Sie nicht länger, daß die, die verantwortlich sind für Ihre Entführung und sadistische Behandlung, nicht wußten, was sie tun; denn sie wußten es ganz bestimmt!

Wir müssen fortgesetzt in Alarmbereitschaft sein! Die negativen Kräfte versuchen und werden es weiterhin tun, uns einer Gehirnwäsche zu unterziehen und unser Denken in eine andere Richtung zu lenken. Sie können uns unbewußt programmieren, damit wir telepathisch auf ihre Wünsche eingehen. Irgendwann in der Zukunft werden sie höchstwahrscheinlich versuchen, uns für ihre Zwecke zu benutzen.

Wie viele Entführte bezeugen werden, befinden sich möglicherweise in ihren Körpern oder Köpfen Implantate. Die Kontrollinstrumente dienen vielerlei Zwecken und können eine Selbstzerstörung auslösen.

Beängstige ich Sie? Das beabsichtige ich nicht, ich möchte Sie nur dazu ermutigen, sich dem Licht zuzuwenden, Ihrer Göttlichkeit, Ihrem ICH BIN. Verschwenden Sie nicht länger Ihre Kraft!

Einige von Ihnen nehmen gegenwärtig eine anbetungsvolle Haltung diesen negativen Wesen gegenüber ein. Sie verehren die falsche Quelle. Gehen Sie in sich. Machen Sie sich bewußt, daß Sie Licht sind, das Alpha und Omega Ihres eigenen Seins. Unterliegen Sie nicht dem abirrenden Denken und diesen Energien.

Wir haben die Kraft in uns selbst. Sollten Sie Beistand brauchen, wenden Sie sich jemandem oder einer Organisation zu, der/die nachweisbar mit Hilfe des Lichts arbeiten. Eine Organisation, die aus der Liebe und dem Licht kommt, wird Ihnen helfen, sich vor nicht-liebenden Wesen zu schützen. Lassen Sie diese positiven Einflüsse in Ihr Leben treten! Fügen Sie sie Ihren Kräften hinzu und Sie werden die wahre Spiritualität erkennen!

6. Kapitel

Die negativen Außerirdischen

Unlängst, als ich dieses Buch mit einem meiner Freunde diskutierte, äußerte ich den Wunsch, gerne einmal die Vorgesetzten oder bestimmenden Autoritäten der feindlichen Außerirdischen in Dulce zu treffen. Mein Freund deutete an, daß dies möglicherweise durch ein ernsthaftes Channelmedium oder sonstiges Medium zustandegebracht werden könnte. Er schlug Robert Shapiro aus Sedona/Arizona vor.

Offen gesagt bin ich kein Freund der meisten Channelmedien. Für mich ist Channeling eine Methode, Energien oder Kommunikation aus anderen Dimensionen einzubringen. Meiner Meinung nach können viele nicht einmal Tante Sadies verstorbene Katze channeln.

Trotz meiner Vorbehalte stimmte ich zu, mit Robert Shapiro zu arbeiten. Wir machten uns sofort daran, die in Frage kommenden Autoritäten besagter Außerirdischer zu kontaktieren. Robert channelt verschiedene Wesenheiten, wir entschieden uns jedoch für Zoosh und Joopah.

Ich stimme nicht völlig mit dem überein, was durchgegeben wurde; dennoch führten Robert und seine Kontakte einige sehr stichhaltige Punkte an, die überdacht werden müssen. Ich gebe sie hier wieder:

Dulce und Zeta Retikuli

Mir wurde anfänglich zu verstehen gegeben, daß die Außerirdischen in Dulce dem Zeta-Retikuli-Typus angehören. Während der Diskussion mit Zoosh bestritt er vehement eine retikulianische Verwicklung, und daß die negativen und feindlichen Außerirdischen Splittergruppen aus der Orion- und Sirius-Konstellation umfassen. Zoosh berichtete, wie die Retikulianer versucht hatten, diesen rebellierenden Gruppen von einer Ausbeutung dieses Planeten und seiner Völker abzubringen. Aber es nützte nichts. Sie stellten schließlich ihr Abraten ein.

Humanoide

Von großem Interesse war die Eröffnung, daß negative Außerirdische, im Gegensatz zu einigen der mehr ungewöhnlichen physischen Typen, humanoid sind. Er klassifizierte sie in zwei Gruppen: die sehr muskulösen und streitbaren Typen, offensichtlich Krieger, und die eher schlaksigen, großen Typen, die scheinbar die Intellektuellen und die Denker darstellen.

Das göttliche Licht

Auf die Frage, ob sie die Kräfte des Lichtes anerkennen oder nicht, bekamen wir ein Nein zur Antwort. Zoosh sagte weiterhin, daß die negativen Außerirdischen kurzerhand eliminiert würden, sollten sich einige von ihnen dem Licht zuwenden. Ohne Zweifel gibt es ein paar unter ihnen, die sich der Kräfte des Lichtes bewußt sind, was sie aber niemals zugeben würden.

Die labile Gesellschaft

Es gibt Anzeichen dafür, daß diese Wesen, obwohl humanoid, sich weit entfernt haben von der ausgleichenden Mitte und nur wenig wahrnehmen von dem, was als Liebe und Licht akzeptiert werden kann. Sie nehmen Christus wahr als einen Scherz und eine reine Erfindung menschlicher Vorstellungskraft. Konsequenterweise sind sie amoralisch, entartet und haben kein Mitgefühl für einander oder für einen anderen. Laut Zoosh tolerieren sie sich untereinander mit großer Zurückhaltung; ihre kriegslüsterne Natur bringt keine besonders stabile Gesellschaft hervor.

Ohne Führung

Auf die Frage nach ihrer übergeordneten Autorität oder ihrem Regierungskörper stellte sich schnell heraus, daß sie keinen Führer haben und auch keine Gottheit per se verehren; keinen Gott, keinen Christus, keinen großen Engel. Stattdessen verehren sie den göttlichen Materialismus, welcher offensichtlich ein stofflicher und gegenwärtiger Gott ist. Kurz gesagt, man kann ihn nicht sehen, halten oder nutzen. Er ist wertlos!

Ihr verzweifeltes Bedürfnis

Diese verirrte Zivilisation begreift, daß sie sich auf einem Pfad der Selbstzerstörung befindet und im Begriff ist, zu erlöschen. Daher muß sie irgendeine Zuflucht finden, eine Quelle, von der sie sich genug Zeit erkaufen kann, um diese beängstigende Situation zu berichtigen. Rückblickend hierauf können wir leicht erkennen, daß wir es mit einer verzweifelten und notleidenden Gruppe zu tun haben, die, ihrem Dilemma entsprechend, sich durch nichts davon abhalten läßt, sich das zu verschaffen, was sie braucht, Sie und mich eingeschlossen!

Die Erdichtung Christi

Ich fragte sie, welcher Autorität sie hier auf Erden unterstehen. Schnell erklärten sie, sie bräuchten niemanden und daß sie diejenigen wären, die uns zunächst hierher brachten; deshalb sind wir ihr Eigentum und sie können mit uns nach ihren Wünschen verfahren, ohne Rücksicht darauf, wie diabolisch, entartet oder abscheulich wir es empfinden. Als wir danach fragten und daran erinnerten, daß sie ein universelles Gesetz brechen und sich letztendlich vor einer höheren Autorität verantworten müssen, reagierten sie voller Hohn und erklärten unzweifelhaft, daß sie kein Gefühl für Unrecht besitzen.

Sie wiesen darauf hin, daß sie Christus für uns erdichteten, um uns einen zentralen Aspekt des Denkens und Handelns zu geben, während wir die hoffnungsvollen Opfer unserer eigenen Imagination wurden. Interessant genug, daß dieses Thema von anderen außerirdischen Gemeinschaften noch weiter ausgeführt wird. (Ich möchte den Leser bitten, innezuhalten, für einen Moment die egozentrischen Ansprüche der Außerirdischen zu überdenken und zu analysieren und mir dann zu sagen, wer hier wen täuscht. Können Sie hierin die Feinsinnigkeit des Göttlichen Geistes entdecken?) Selbst wenn wir akzeptieren, daß sie Christus wirklich als Mittel für Wachstum und Festigung erfanden, gaben sie uns doch das hervorragende Vehikel, mit dem wir ihren Hintergedanken und Absichten entfliehen und sie überwinden können. Wenn wir uns mit ihnen abgeben, dürfen wir dies niemals vergessen, denn das ist unsere Rettung.

Um diesen Punkt abzuschließen, möchte ich an etwas erinnern, was ich zuvor in diesem Buche anführte: Gott durchdringt oder umgibt alles, und die Quelle wird nichts im Stich lassen, was sie erschuf. Sie mag Mutationen und Veränderungen, wenn benötigt, erlauben, aber niemals wird sie auf den Funken Göttlichkeit verzichten, den sie in alle Dinge, Mineralien, Pflanzen, Tiere, menschenähnliche Wesen und Menschen pflanzte.

Manchmal wird die Frage gestellt, was wohl geschieht, wenn ein Wesen, eine Zivilisation oder irgendeine Form intelligenten Lebens sich standhaft weigert, das innewohnende Licht oder die Göttlichkeit anzuerkennen? Die Antwort ist einfach. Wenn erst einmal der Zweck des Wesens oder der Gruppe erfüllt ist, dann wird der Göttliche Funke, der das Wesentliche ausmacht, entzogen und die jeweilige Existenz beendet. Die abgeirrte außerirdische Gruppe, über die wir hier diskutieren, ist dabei, diesen Punkt der Auflösung auf dem schnellsten Wege zu erreichen. Wenn sie sich nicht dem Licht zuwendet und den inneren göttlichen Funken akzeptieren kann, sehen sie sich der unumgänglichen Zerstörung ausgesetzt. In der Rückkehr zur Spiritualität liegt ihre einzige Chance.

Wo die negativen Außerirdischen aufzufinden sind

Laut Roberts Klassifizierung der Wesenheiten werden die Außerirdischen, die negativ von Natur aus sind, gewöhnlich überall im Südwesten der Vereinigten Staaten aufgespürt: Arizona, New Mexico, Texas, Louisiana, Oklahoma, Nevada und Utah.

Ihre Verwundbarkeit

Während der Sitzung fuhr ich weiter damit fort, eifrig an ihren Schwächen zu arbeiten. Wir wissen, daß ihre größte Schwäche ihr Mangel an Spiritualität ist. Aber was ist mit ihrer körperlichen Verwundbarkeit? Überraschenderweise hatte die Antwort mit Hitze zu tun. Augenscheinlich sind sie übermäßiger Wärme gegenüber extrem empfindlich und können eine Temperatur von 26 bis 30 Grad C nicht heil überstehen: alles darüber würde sich für sie schädlich oder fatal auswirken.

Ich glaube fest daran, daß wir uns um diese Außerirdischen kümmern müssen, hier sind hauptsächlich spirituelle Maßnahmen angebracht, und zum anderen kann Hitze möglicherweise als Abschreckung oder Beschränkung ihrer Zahl dienen. Gibt es da noch etwas abzuwägen?

Es liegt an Ihnen, welchen Nutzen Sie aus den gechannelten Informationen ziehen. Obwohl ich ein Skeptiker bin, muß ich sagen, daß Robert Shapiro aufrichtig war. Sein Entgegenkommen war ehrlich. Auf persönlicher Ebene war mir vieles von dem, was er zu sagen hatte, bereits bekannt und erhöhte dadurch bis zu einem bestimmten Grad seine Glaubwürdigkeit.

Vorausgesetzt, daß alles an der außerirdischen Bedrohung in Dulce wahr ist, dann haben wir jetzt ein besseres Verständnis von dem, womit wir es zu tun haben und können logischerweise durch dieses Verständnis Gegenmaßnahmen ergreifen.

Nehmen wir das zur Grundlage, was wir durch die gechannelten Außerirdischen vernommen haben, dann stellen wir fest, daß ihr Glaubenssystem und ihre Gesellschafts-Struktur sich völlig von unseren unterscheiden.

Wir können nicht darauf bauen, sie durch eine normale Beziehung oder Methode zu erreichen, ob es nun darum geht, an ihre Christlichkeit, ihr Mitgefühl zu appellieren oder an die Anerkennung des universellen Gesetzes.

Sie müssen tatsächlich als amoralisch betrachtet werden und leiden an ihrem Erhabenheitswahn: in ihrem Verständnis sind sie durchaus davon überzeugt, daß sie das Recht haben, uns nach ihren Wünschen zu täuschen. Argumentieren ist unmöglich, eine andere Alternative wäre, sie durch das übergeordnete Gesetz dort zu treffen, wo sie Mangel leiden oder besonders verletzlich sind.

Nach ihrem eigenen Eingeständnis (Zoosh und Joopah) befinden sich diese Außerirdischen an einem Punkt, wo es keine Umkehr mehr gibt. Die Ursache ist ihre fehlende Spiritualität. Entwickeln sie nicht eine andere Alternative für ihr Heil, dann sehen sie der letztendlichen Zerstörung ins Auge.

Weil sie das erkannt haben, mischen sie sich - nach einer Rettung suchend - unter uns und benutzen uns wie Ersatzteillieferanten. Sie setzen ihre fortgeschrittene Technologie und Intelligenz ein, um uns über ihre verzweifelten, erzwungenen Wiedereingliederungsversuche zu täuschen.

All dies stimmt, wenn wir bereit sind, dem Lear-Report Glauben zu schenken - und ich tue das!

Eine andere Theorie

Von dem Moment an, an dem ich dieses Buch zu schreiben begann, hörte ich bei verschiedenen Anlässen eine andere Theorie, die sich auf das Recht der Außerirdischen stützt, mit uns nach ihren Wünschen zu verfahren. Offen gesagt erschreckt mich diese Theorie, und ich kann nicht verstehen, wie irgend jemand, der bei Sinnen ist, das akzeptieren kann.

Die Theorie besagt, daß die Entführten, an denen man sich in unrechtmäßiger Weise zu schaffen gemacht hat, sich in Übereinstimmung befinden mit einem Vertrag, einer Abmachung aus einem anderen Leben. Kurz gesagt, es bedeutet, daß diese unglücklichen Individuen aus dem Vorsatz geboren und hierher als Ersatzteile gebracht wurden, um den Mitteln und Zwecken der in Frage kommenden Außerirdischen zu dienen. Mit anderen Worten, es bedeutet, daß sie lediglich dazu da sind, sich für die Bedürfnisse der sterbenden und notleidenden Außerirdischen aufzuopfern, damit sich diese Zivilisation schadlos halten und überdauern kann.

Akzeptiert jemand diese Theorie - ich tue das nicht -, dann müssen wir annehmen, daß wir bereits auf das höchste von diesen unglücklichen Individuen infiltriert sind, die in Wahrheit Außerirdische in menschlichen Körpern sind.

Lassen Sie uns zum Zwecke der Diskussion die Hypothese aufstellen, daß das oben gesagte stimmt oder möglich ist. Was werden wir dann tun? Es gibt nur eine Lösung, die als vollkommene Abschreckung dienen kann: das Licht der Spiritualität anzuerkennen, darin zu leben und zu handeln - sowie in allem Tun Liebe, Licht und

Ausgeglichenheit anzuwenden. Dieses schließt ebenfalls die mit ein, die entführt wurden oder es zumindest annehmen. Wiederherstellung und Schutz können nur durch diese Mittel erreicht werden. Der Geist wird seinen eigenen Weg finden, das zu schützen, was sein ist, ungeachtet dessen, ob es Menschen oder Außerirdische sind.

Aber ohne daß wir uns zuerst dem Licht zuwenden, kann der Geist nicht wirken. Sollten wir dennoch diesem oberflächlichen Denken unterliegen, verlöschen wir augenblicklich das Licht unserer Seelen und fallen diesem verirrten Denken zum Opfer.

Lassen wir nun diesen Unsinn und dieses verdrehte philosophische Gedankengut, kehren wir zurück zum Hauptthema und akzeptieren wir, daß das, was diese Außerirdischen tun, falsch ist. Es ist so schlecht, daß sie selbst die Getäuschten sind: Gestatten Sie ihnen nicht, in unsere spirituelle Integrität einzudringen und/oder unseren bevorstehenden Aufstieg zu sabotieren.

Wir folgern daraus, daß dieser und auch andere solcher Zwischenfälle eine Prüfung unserer Spiritualität und größeren Kräfte darstellen. Ihren Lügen zu glauben und sie zu akzeptieren, heißt, zu unterliegen. Als spirituelle Wesen müssen wir in Gedanken behalten, daß SIE UNS BRAUCHEN, WIR SIE NICHT!

Die niederen Götter

Die Überschrift "Die niederen Götter" mag manche verwirren, aber wie Sie sehen werden, haben diese Wesen uns und unseren Versuch zur Quelle, aus der wir kamen, zurückzukehren, schon sehr lange ungünstig beeinflußt.

Vieles von dem, was wir heute erleben, geht auf ihren Einfluß und ihre Einwirkung zurück.

Um diese Götter an ihren angemessenen Platz zu verweisen, lassen Sie uns bitte für eine Sekunde pausieren und einen Rückblick darauf halten, wer und was sie sind.

Wir können uns ihnen von zwei unterschiedlichen Seiten her nähern.

Auf der einen Seite kann man sie den höchsten Göttern gleichsetzen, die sich aus eigenem Entschluß von der elterlichen oder ewigen Quelle abnabelten und ihre eigenen Welten schufen. Unnötig zu sagen, daß dies nicht in Übereinstimmung mit den göttlichen Absichten geschah, aber dennoch wurde nach weisen Beratungen entschieden, sie gewähren zu lassen und sie dabei die ganze Zeit unter Kontrolle zu halten und sie sorgsam zu überwachen.

Aus dieser Trennung resultiert die Erschaffung der niederen Himmel, von welchen unsere illusionäre Welt ein Teil ist. Diese göttlichen Wesenheiten waren mehr daran interessiert, sich in die physikalische Dichte hinein zu begeben, um dort Erfahrungen zu sammeln auf dem Gebiet der Wunscherfüllung und der Sexualität, als in den höheren und ätherischen Elementen des Ursprungs.

Je mehr diese großen Wesen von der Welt der Gefühle und Sinnendichte umgarnt wurden, um so tiefer sanken sie ins Vergessen und in die Illusion. Schließlich hatten sie sich so weit entfernt, daß sie die Realität ihres Ursprungs und Seins vergaßen und leugneten. Sie waren gefangen!

Hier begannen unsere Probleme, denn diese Götter entzweiten und bekriegten sich untereinander; jeder einzelne beanspruchte fälschlicherweise für sich, die oberste Gottheit zu sein. An diesem Punkt entstand die Welt der Polaritäten und der Glaube an Gut und Böse, ohne die ausgewogene Mitte, aus der wir kamen. Es lag immer in der Absicht dieser niederen Götter, uns das Privileg des Wissens zu verweigern, daß es einen rechtmäßigen Punkt des Ursprungs gibt und daß sie selbst der Schatten sind, der uns auf tadelnswerte Weise von unserer Suche abhält. Also, kehren wir intuitiv zum wahren Ursprung zurück!

Der zweite Aspekt basiert auf der Erkenntnis, daß die Quelle, in ihrer Suche nach Selbstausdruck und dimensionalem Wachstum, ständig neue Lernsituationen schaffen muß sowie Einsichten, durch die sie sich ausdehnen und herrschen kann. Im Verlauf ihrer Abspaltung vom reinsten Selbst muß sie notgedrungen in die gröbere und dichtere Materie hinabsteigen. Im diesem Prozeß, der der Evolution stets vorausgeht, schafft sie jene Elemente und setzt sie in Aktion, die das Verlangen der Quelle nach Erfahrung und Lernen erleichtern und fördern können.

Die niederen Götter, die negativen Außerirdischen, der Christus, Sie und ich sind alle ein Teil des Ausdrucks des göttlichen Selbst. Erkennen wir dies, hört der Geist auf, weiter in die Verdichtung und ihre begleitenden Lektionen hinabzutauchen und beginnt, nach Hause zurückzukehren. Hier beginnt die Evolution.

Wir haben die Reise dorthin bereits angetreten! Der Geist, die Quelle, Gott, die unendliche Intelligenz, wie immer wir sie nennen wollen, ruft uns, damit wir erwachen und uns ihm bei seiner triumphalen Rückkehr zum Ursprung anschließen.

Die Fallen und Schlingen, die ausgelegt wurden, um uns von dem göttlichen Aufstieg abzuhalten - ob es sich nun um die negativen Außerirdischen, den drohenden Atomkrieg, Seuchen und Krankheiten oder um die prophezeiten Erdveränderungen handelt - sind nur Werkzeuge der Illusion, um uns zur Anerkennung unserer Meisterschaft und Göttlichkeit zu ermutigen.

Auch wir sind niedere Götter in Form gefallener Engel, und wie der verlorene Sohn sind wir stets im Hause unseres Vaters willkommen. Hoffentlich kann jeder von uns in dem einen oder in beiden Szenarios der niederen Götter einige Wahrheiten finden.

Die Basis ist dieselbe: lassen Sie uns die Spielzeuge der Illusion und der Unvollkommenheit beiseite legen. Akzeptieren wir unsere Meisterschaft. Bekleiden wir uns mit Spiritualität und treten wir die Heimreise an!

7. Kapitel

Haben wir die Außerirdischen eingeladen?

Viele, die dieses Buch lesen, werden sich fragen: wenn die Entführungen zu experimentellen Zwecken in Dulce eine Tatsache sind, haben wir die Außerirdischen dann nicht selbst eingeladen?

Es wäre einfach, unsere Regierung, einzelne Elite-Gruppen und viele andere zu beschuldigen. Die Verantwortung ruht direkt auf unseren Schultern, auf Ihren und meinen. Durch Sorglosigkeit und Trägheit haben wir es ehrlosen und verwerflichen Gefühlen erlaubt, sich in unserer Realität einzunisten. Mangel an Empfindungsfähigkeit und das Streben nach Materialismus ließen es zu, daß Lauterkeit und die Prinzipien der Wahrheit und Vernunft zu etwas wurden, das der Vergangenheit angehört. Viele von uns haben die Süße der menschlichen Freundlichkeit verloren.

Diejenigen, die dieses Buch lesen, werden erschreckt sein und die den Außerirdischen erteilte Vollmacht, uns als Versuchskaninchen und Eigentum zu benutzen, ablehnen. Aber können wir diese Außerirdischen völlig verurteilen? Haben wir sie nicht als weltweite Zivilisation hierher bestellt? Sind es nicht unsere eigenen über die Welt verstreuten Taten und Aktionen, die diese unerwünschten Wesen zu uns einluden?

Halten Sie für einen Moment inne und denken Sie an die unnötigen Kriege, die wir unvernünftigerweise führten. Erinnern Sie sich an die Abscheulichkeiten des Dritten Reichs: Abschlachtung, Tötung, unmenschliche Experimente, Verbrennung und Vergasung an Millionen Unschuldiger.

Denken Sie über die ungesühnten Morde in den polnischen Wäldern nach! 1945 wurde die polnische Elite in die Wälder geführt und umgemäht wie Grashalme. Dies wenige hier nur zu den Grausamkeiten des Zweiten Weltkrieges.

Gehen wir zurück zu den Tagen der Mayas, Azteken, Tolteken und anderer indianischer Kulturen. Sie töteten mehr als 20.000 Menschen am Tag und opferten sie den niederen Göttern.

Halten Sie ein und denken Sie an solche Mitglieder in der Weltregierung, die aus Eigennutz, in Erfüllung ihrer Dienste, Millionen unschuldiger Menschen umbrachten: Dschingis Khan, Stalin, Hitler, Cortez! Die Liste ist endlos!

Betrachten Sie diese Tatsachen und stellen Sie sich vor, wie uns die Außerirdischen von weit außerhalb des Sonnensystems beobachten! Können sie nicht in Anbetracht dieser Handlungen daraus schließen, daß die Erde ein Planet der Gefühllosigkeit, Dekadenz und Barbarei ist? Sie müssen sagen: Seht, wie sie die Lebewesen behandeln, die nicht menschlich sind! Schaut, was sie sich selbst und ihren Tieren in Laboratorien antun; sie experimentieren unmenschlich mit deren Körpern und ihrem Geist. Seht, wie sie wahllos ihre jüngeren Brüder, einen nach dem anderen, unabhängig voneinander und auf dem Kriegsfeld abschlachten. Ist es da ein Wunder, daß sie hier sind?

Es ist wichtig, daß wir unsere Differenzen beilegen. Unser Planet ist in Gefahr! Kein anderer Weg ist möglich als der des völligen Vertrauens und der Zusammenarbeit auf allen Ebenen der planetaren Verwicklung und Bewußtheit. Es ist an der Zeit, unsere Auseinandersetzungen zu beenden und uns als einen Planeten und ein Volk zu begreifen, zu handeln und unser vieles Unrecht wieder gutzumachen. Andere zeitgenössische Planeten erwarten unseren göttlichen Aufstieg. Lassen Sie uns ein neues und kollektives Bewußtsein schaffen!

Wir müssen das tun! Nicht nur, um unsere vergangenen Missetaten zu sühnen, sondern auch, um eine neue Welt zu etablieren, eine Welt, die noch einmal die Äußerungen der Weisheit anerkennt, die Tom Paine, Präsident Ford und unsere Vorväter postulierten. Gelingt das nicht, sehen wir uns sicherlich Zerstörungen ausgesetzt und möglicherweise unserem Untergang.

Dies ist die größte spirituelle Prüfung seit Jahrtausenden. Wenn ihr begegnet und sie überwunden würde, dann kann sie uns auf den Schauplatz der Erkenntnisse katapultieren, von dem wir bis jetzt nur träumen konnten.

***

Dieser vielschichtige Dialog versuchte, einige der wichtigeren Wahrheiten zu erhellen und herauszustellen, soweit sie sich auf die Ufologie anwenden lassen. Hoffentlich wird dieses Aufgebot an Fakten und Offenbarungen zum Verständnis jener beitragen, die sich in diesem Umfeld abmühen.

Ich hoffe, daß einige meiner kognitiven Erkenntnisse und insbesonders der Lear-Report uns das Wissen geben, zu erkennen, mit wem und mit was wir es zu tun haben.

Ungeachtet all dessen, was wir denken mögen:

DIE AUSSERIRDISCHEN SIND VERWUNDBAR!

8. Kapitel

Zusammenfassung

Wir wollen an dieser Stelle hier einige der Hauptpunkte zusammenfassen:

1. Nicht alle UFO´s und Außerirdischen sind positiv. Man muß im Umgang mit ihnen großen Scharfsinn üben. Die beste Regel zur Unterscheidung, ob sie nun gut oder schlecht sind, liegt in der Beobachtung Ihres Solarplexus (Sonnengeflechtes) beim ersten Kontakt. Sollte Ihr Solarplexus unruhig werden oder sich zusammenziehen, dann machen Sie, daß sie fortkommen; es ist ein Zeichen, daß diese Außerirdischen nicht gut sind.

2. Die guten UFO's und Außerirdischen sind die Wächter und haben Ihr bestes Interesse im Sinn. Im Gegensatz zu den anderen beeinträchtigen sie weder Ihren Körper noch Ihre Seele und erkennen Ihren freien Willen an.

3. Heutzutage ist es schwer, die Natur und den Ursprung eines gesichteten UFO's zu bestimmen. Es kann aus den USA, der ehemaligen Sowjetunion, von einer unterschiedlichen Ansammlung Außerirdischer, aus der Inneren Erde, der Hohlen Erde oder möglicherweise von der Dritten Kraft stammen.

4. Es existiert eine offensichtliche Verschwörung und Verschleierung innerhalb der Regierung, die fälsch-

licherweise glaubt, sie wüßte es am besten. Ich möchte diese Menschen daran erinnern, daß, wäre die Öffentlichkeit in diese lebensbedrohende Vereinbarung miteinbezogen worden, - nämlich daß die Außerirdischen die Bevölkerung für biologische und genetische Forschungen im Austausch gegen ihre Technologie benutzen können, - dieser Vertrag niemals in Kraft gesetzt worden wäre. Wir befänden uns heute sicherlich nicht in diesem Dilemma.

5. Alle UFO's sind ein Produkt des Verstandes und des Bewußtseins. Sie sind ein Punkt und ein Zeitmaß in Ihrem und meinem Bewußtsein. Gewöhnlich stempeln wir dieses wenig verstandene Phänomen als außerirdisch ab, was nichts anderes ist als ein weiterer Begriff für: das verstehe ich nicht. In der Realität ist es ein Punkt unseres vorhergehenden Bewußtseins, das unserem gegenwärtigen Bewußtsein zuwinkt, nach Hause zu kommen.

6. Wenn Sie in Liebe, Licht und Spiritualität denken und handeln, werden Sie mit dem Göttlichen verbunden und geschützt sein. In einem solchen Bewußtseinszustand sind Sie selbst durch die Handlungen oder Bitten der weniger guten Außerirdischen unverwundbar. Solch ein Verhalten ist Ihre schützende Rüstung.

7. Erfahrungen aus erster Hand mit den positiven Außerirdischen führen nicht unbedingt zu einer Liebesbeziehung. Wie bereits vorher geschildert, könnten meine persönlichen Begegnungen fast als objektiv und realistisch verstanden werden.

8. Obgleich die Mehrzahl der UFO's sich in Form von fester Materie zeigen, scheinen doch manche lebende, atmende Wesenheiten mit Intelligenz und zugeordneter Ausrüstung zu sein. In Wahrheit sind sie alle Produkte des Geistes, der Vergangenheit, Gegenwart und Zukunft. Sie mögen neben einigen übergeordneten Aufseher-Intelligenzen Leben und Vernunft zeigen.

9. Die Wächterkräfte, einschließlich der UFO's, arbeiten direkt für die höheren und wohlwollenden Intelligenzen. Sie arbeiten auf unterbewußter Ebene, um jenes herbeizurufen, das die höhere Intelligenz uns wünscht oder uns nachstreben läßt, und zwar ohne unseren freien Willen zu beeinträchtigen. Letztendlich liegt die Wahl des Annehmens oder der Ablehnung bei uns. Viele der sogenannten hochentwickelten außerirdischen Gesellschaften haben diese verloren.

10. Meine Grundaussage zur außerirdischen Bedrohung ist die, daß die Außerirdischen ihre Spiritualität und Menschlichkeit verloren haben und daß unsere irdische Weltregierung scheinbar im Begriff ist, ihnen nachzufolgen. Die Regierungen pervertieren und verfälschen durchweg die einströmenden spirituellen Geschenke und Geheimnisse und benutzen diese, um sich gegenseitig einzuschüchtern, zu kontrollieren oder zu zerstören. In Wahrheit sind diese großen Gaben für die Veredelung und den Fortschritt der gesamten Menschheit bestimmt - nicht für ihre Zerstörung!

    Wir müssen die Notlage unserer außerirdischen Brüder erkennen und so schnell wie möglich die negative Anwendung des einströmenden Geistes und Lichtes umwandeln und es der Spiritualität gestatten, den Weg in unsere Zukunft zu gestalten. Wenn wir als Nation und Volk reifen, unsere Ego's beiseite legen und dem Geist erlauben, die Oberhand zu gewinnen, dann sind feindliche und zerstörerische Mittel hinfällig.

11. Wir sind nicht die ersten, die diesen unüberwindlichen Herausforderungen begegnen. Viele vor uns waren erfolgreich und leben nun in totaler Harmonie mit sich selbst und dem Geist. Sie erwarten uns voller Ungeduld in ihrem Heer, damit das Sonnensystem als ein Ganzes in einen höheren Bewußtseinszustand eintreten kann.

12. Es existieren viele außerirdische Gemeinschaften auf Erden, sie leben zurückgezogen und mit dem Wunsch, nicht gestört zu werden. Beispielhaft hierfür waren die Gruppen in meinen persönlichen Erlebnissen. Manche gehören von Natur aus dem Element Wasser an, einige der Inneren Erde, andere der Hohlen Erde, viele leben auf der Erdoberfläche. Ihre Mission besteht in der Überwachung und darin, unseren Planeten wieder in Ordnung zu bringen. Dieses In-Ordnung-Bringen geschieht durch elektromagnetische Vorrichtungen, unterschwellig durch ein programmiertes Bewußtsein und in Übereinstimmung mit der höheren und göttlichen Autorität.

13. Viele Außerirdische leben unter uns, die aussehen wie Sie und ich, und uns still und unaufdringlich vorbereiten auf die vor uns liegenden Zeiten.

14. Diejenigen, die entführt werden, werden offensichtlich für biologische und genetische Forschungen ohne Rücksicht auf ihr persönliches Wohlergehen benutzt. Viele Entführte erinnern sich an die Einsetzung von Implantaten in ihre Gehirne und Körper. Dies sind augenscheinlich Kontrollvorrichtungen, hergestellt, um die Unterworfenen durch einen vorgegebenen Weg zur Reaktion während eines späteren Zeitpunktes zu veranlassen, oder um ihr Leben und Benehmen beobachten zu können. Es wird vorgeschlagen, daß alle Entführten sich spirituell schulen.

15. Das Maß an Geheimhaltung, soweit es Außerirdische und UFO's betrifft, kann nicht sehr viel länger aufrechterhalten werden, da der Geist seinen eigenen Weg geht. Es ist unbedingt erforderlich, daß die Regierung dies erkennt und damit beginnt, die Bevölkerung mit einzubeziehen, die in vielen Instanzen weitaus qualifizierter ist als sie. Die Regierung hat die Tendenz zu glauben, daß der Big Brother es am besten weiß; und zwar aus einer Haltung der Verschwörung, Verdeckung, Täuschung und Desinformation heraus. Dies mag in der Vergangenheit gewirkt haben, aber ein neues Bewußtsein - von Natur aus spirituell - ist auf der Erde erwacht, das die Schleier der Täuschung und Doppelzüngigkeit wegreißen und die nackte Wahrheit enthüllen wird. Es ist eine Wahrheit, die niemand anderen überraschen wird als diejenigen, die sie immer ignorierten. Der Dulce-Zwischenfall zeigt die Schwächen in der Beziehung zwischen der Regierung und der Bevölkerung auf, besonders da, wo er sich auf UFO's und Außerirdische bezieht.

Das neu einströmende Geist-Bewußtsein verlangt, daß das Volk und seine Regierung auf allen Gebieten übergreifend zusammenarbeitet, die überholten Barrieren niederreißt und alles ersetzt durch die Spiritualität - einschließlich unserer Arsenale -, das ist das einzig dauerhafte außerirdische Gefährt. Wenn Sie dies nicht glauben, fragen Sie unsere bedrängten, außerirdischen Freunde, die nun ihrer Auslöschung ins Gesicht sehen, was von derselben irrigen Route herrührt, der auch wir folgen.

Zum Abschluß würde ich gerne über das Informationsmaterial berichten, das mir vor mindestens 15 Jahren gegeben wurde. Sicherlich werden Sie genauso begeistert sein wie ich, als ich es zum erstenmal erhielt. Ich füge es hier ein, weil ich glaube, daß die Zeit dafür reif ist. Es unterstützt die Ermutigung, die wir jetzt und in den vor uns liegenden Zeiten benötigen.

Vor ungefähr 20 bis 25 Jahren wurde eine Gruppe von 44 Personen aus der gesamten Welt, Männer wie Frauen, von diesem Planeten auf eine Reise zu allen Regierungen des Sonnensystems genommen. Diese Regierungen haben, anders als unsere, einen Zustand der Ausgeglichenheit erreicht, ihre Unzulänglichkeiten überwunden und befinden sich nun in einem Zustand der Bereitschaft und erwarten unseren ereignisreichen Anschluß an sie.

Die 44 Individuen stammten aus ganz verschiedenen Lebensumständen, einschließlich derer, die nach einem wichtigen Posten in weltlichen Angelegenheiten trachten. Diese 44 wurden durch eine vorherige Auswahl in zwei Gruppen geteilt. Die eine Hälfte blieb vollständig bewußt und sich während der Reise allem gewahr. Die andere

Hälfte wurde in einen unbewußten Zustand versetzt und unterschwellig auf das Kommende vorbereitet.

Deutlicher ausgedrückt: Diejenigen, die sich erinnerten, mußten schwören, alle Geheimnisse zu bewahren. Es handelte sich um Männer und Frauen mittleren Alters, die bereits wichtige Stellungen in Wissenschaft, Regierung, Religion und anderen hochgestellten weltlichen Angelegenheiten bekleideten oder dafür vorgesehen waren. Diese Schlüsselpersonen befanden sich unter der Leitung einer höheren Intelligenz, um die Form, Struktur und Bestimmung der Welt für die absehbare Zeit zu gestalten. Als diese wichtigen Menschen ihre Arbeit beendeten, begann die zweite Gruppe - recht viel jünger und spirituell noch schlafend - zu erwachen und sich ihrer Neigung bewußt zu werden. Zunächst noch ohne Kenntnis zu haben von den anderen, älteren Gruppenmitgliedern und den Rollen, die diese in der Welt spielten, wurden sie schließlich als deren Nachfolger eingesetzt.

Was sich hier abspielte, und das ganze Szenario drumherum, entfaltet sich wie eine Zeitkapsel. Jeder einzelne der 44, und nun jede der 22 Personen, tritt zum richtigen Moment auf, um das fortgesetzte Ticken unserer kosmischen Weltuhr zu gewährleisten. Viele dieser vorprogrammierten jüngeren Menschen befinden sich nun in Macht- und Kontrollpositionen. Trotz ihrer Jugend sind sie im Besitz großer Weisheit und Wahrheit, verbunden mit dem aufrichtigen Wunsch, den Planeten in den Zustand der Ausgeglichenheit zurückzubringen.

Wir können erkennen, daß trotz dem, was als unüberwindliches Handikap erscheinen mag, der Geist durch die göttlichen 44 Personen seinen Weg findet und letztendlich unser Schicksalsschiff in den Hafen des Friedens, der Liebe, des Lichtes und der übergeordneten Spiritualität lenken wird. Doch erinnern Sie sich, die göttlichen 44, nun 22, können es nicht ohne uns bewältigen! Denn wir sind das Schiff!

Bibliographie

Constable, Trevor James, The Cosmic Pulse (Der kosmische Puls), Kalifornien, Merlin Press (1976)

Lear, John, Statement released by: John Lear, December 29, 1987, (Statement freigegeben von: John Lear, 29. Dezember 1987)

Stevens, Wendelle, UFO from the Pleiades and others (UFO von den Plejaden und andere), Arizona, (1982)

Sagan, Carl und Page, Thornton, UFO's - A Scientific Debate (UFO's - eine wissenschaftliche Erörterung) Ithaca und London, Cornell University Press (Jahr unbekannt)

Steckling, Fred, Alien Bases On The Moon, (Außerirdische Basen auf dem Mond) Kalifornien (1981)

Stringfield, Leonard H., UFO Crash/Retrievals, Amassing the Evidence, (UFO Absturz/ Wiedergewinnung, Ansammlung der Beweise), Ohio, (1982)

Watkins, Leslie mit Ambrose, David und Miles, Christopher, Alternative three, (Alternative drei), New York, Avon Books (1977)

(Weitere Informationen zu allen diesen Büchern oder Berichten können Sie durch Zuschrift erhalten von: Virgil Armstrong, Armstrong Associates, P.O. Box 20174, Village of Oak Creek, AZ 86341, USA
Robert Shapiro, 130 Castle Rock Road, #67, Sedona, AZ 86336, USA)

Das Universelle Gesetz für das Wassermann Zeitalter

Dr. Frank Alper, 14,5x21cm, 136 Seiten
ISBN 3-926388-21-8 DM 24,80

Das Universelle Gesetz ist eine Vibration - ständig in Bewegung und sich erweiternd. Jeder Mensch ist in seinem Leben verantwortlich für die Auslegung und Anwendung dieses Gesetzes. Wird durch eine Handlung ein Fehler begangen, kann er durch eine andere Handlung bereinigt werden. Das nennt man Karma. Das Wachstum der Menschheit wird durch dieses Prinzip gewährleistet.
Dieses Buch ist gechanneltes Wissen. Es wird im Wassermann-Zeitalter immer größere Bedeutung erlangen. Es regt dazu an, die eigene Wahrheit zu finden und in Übereinstimmung mit ihr zu handeln.

Sternensaat

Das galaktische Erbe der Menschheit

Lyssa Royal & Keith Priest, 120 Seiten, 14,5 x 21 cm,
ISBN 3-926388-27-7 DM 26,00

Sternensaat untersucht die Idee des Schöpfungsprozesses aus einer provozierenden Sicht. Die Vorstellungen, daß die Menschen das Ergebnis einer Evolution sind, werden zu Fall gebracht. Die Autoren vertreten das Konzept, daß das humanoide Kollektivbewußtsein (oder Seele) unser Universum zu ganz bestimmten Zwecken schuf. Welches sind diese Zwecke? Wer war und ist an diesem Prozeß beteiligt? Die Antworten auf diese und andere Fragen eröffnen erstaunliche Möglichkeiten. Sternensaat beschäftigt sich ferner mit den verschiedenen außerirdischen Rassen und ihrer Verwicklung mit der sich entfaltenden Erde. Ein einzigartiges Buch, das zum Verständis unseres Hierseins auf diesem Planeten beiträgt. Das Buch ist in Amerika und in Japan bereits in der 6. Auflage erschienen.

Besucher von Innen

Lyssa -Royal u. Keith Priest
200 S., 15 x 22,5 cm,
ISBN 3-926388-26-9 DM 32,00

"Besucher von Innen" untersucht den außerirdischen Kontakt und das Entführungsphänomen auf einzigartige und fesselnde Weise. Eine außerirdische Rasse, die Zeta Reticuli, schildern durch das international bekannte Medium Lyssa Royal die Vergangenheit ihrer Rasse, streifen das galaktische Erbe der Menschheit und geben Antworten auf die am häufigsten gestellten Fragen. Was sucht die fremde Rasse auf der Erde? Warum werden Menschen entführt? Welches ist der Zweck ihrer Genexperimente? Gibt es bereits Hybriden?

Die gechannelten und neuartigen Aussagen ergänzen das bestehende Wissen der UFO-Thematik und tragen zur Erweiterung unseres Bewußtseins als Teil einer intergalaktischen Familie bei.

Der Fall Andreasson

Dokumentierte Untersuchung der Entführung einer Frau durch ein UFO

von Raymond E. Fowler, Vorwort von J. Allen Hynek
1. Auflage 1995, 280 S., 53 Bilder
14,5 x 21 cm, ISBN-3926388-31-5 DM 36,00

Im Januar 1967 wurde Betty Andreasson von Wesen aus einer anderen Welt besucht. In Gegenwart ihrer sieben Kinder und ihrer Eltern wurde sie von Außerirdischen in das wartende Ufo geführt und zu deren Planeten geflogen. Ihr wurden fremde Wesen, Landschaften und Gebäude gezeigt, die sie beschreibt.

Der Leser sieht die Sphäre der Außerirdischen durch ihre Beschreibungen und zahlreiche Zeichnungen. Betty hatte ebenfalls ein tiefgehendes religiöses Erlebnis während dieses Zwischenfalls. Ihr wurden Informationen über die mögliche Zukunft der Menschheit gegeben, und es wurde ihr aufgetragen, sie der ganzen Welt mitzuteilen. Dieses Buch wurde zu ihrem Kanal.

Der aus dem Amerikanischen übersetzte Ufo-Klassiker düfte UFO-Forscher und Skeptiker gleichermaßen interessieren. Die **„New York Times" schreibt** :" Dieses Buch, wenn wahr, muß als großer Klassiker der wissenschaftlichen Revolution angesehen werden".

Die Allagash Entführungen

Unwiderlegbare Beweise für das Eingreifen von Außerirdischen

Raymond E. Fowler, Vorwort von Budd Hopkins,
1. Aufl. 1995, 32 Bilder, 372 S.
14,5 x 21 cm, ISBN 3-926388-30-7 DM 36,00

In seinem letzten und klar umrissenen Werk untersucht der anerkannte Ufologe Raymond E. Fowler systematisch die gleichzeitige Entführung von vier Männern und bringt überwältigende und zwingende Beweise für das Eingreifen Außerirdischer, die jeder amtlichen Untersuchung standhalten würden!

1976 machten sich vier Männer einschließlich eines Zwillingspaars auf den Weg zu einem Abenteuer-Urlaub in die Allagash-Wildnis, im Norden von Maine, USA. Was sie in dieser Nacht sahen und erlebten, veränderte für immer ihr Leben. Nicht nur einer, sondern alle vier wurden von seltsamen außerirdischen Wesen entführt.

Die „Allagash-Entführungen" sind ein wertvolles Bindeglied in der historischen Kette der Beweise zum Phänomen der UFO-Entführungen.

Unergründlich tief wie das Meer:
Babaji - 108 Begegnungen

G. Reichel (Hrsg.), 4. Auflage 1992, 130 Seiten,
11,5 x 18,5 cm , ISBN 3-926388-22-6 DM 18,00

1970 von einem jungen Mann in einer Höhle am Fuße des Kailash bei Haidakhan entdeckt, lebte und lehrte Babaji von 1979 bis 1984 unter uns. Seine Besucher und Anhänger wurden auf die verschiedensten Weisen immer wieder mit seiner Größe und den übernatürlichen Kräften des Meisters konfrontiert. Dieses Buch enthält 108 kleinere und größere Erlebnisberichte, die der Herausgeberin direkt von Indern und "Westlern" berichtet wurden. Ein bewegendes Buch.

BABAJI - Pforte zum Licht

Ein Erlebnisbericht

von Gertraud Reichel
3. Auflage 1995, 168 S., 9 Fotos, 14,5 x 21 cm ,
ISBN 3-926388-12-9 DM 19,80

Durch Traumvisionen geleitet fand 1970 ein junger Mann in einer Himalaya Höhle einen Sadhu "von vollkommener Schönheit", der wochenlang unbewegt in perfekter Yoga Haltung saß. Schließlich gab er sich als Inkarnation des legendären BABAJI zu erkennen, eines Himalaya- Heiligen aus dem 19. Jahrhundert, der seine Rückkehr angekündigt hatte. In den folgenden Jahren lebte und lehrte Babaji im nordindischen Haidakhan, bis er schließlich auf Ankündigung und - wie er sagte - "nach Erfüllung seiner Aufgabe" freiwillig 1984 seinen Körper verließ.

Dieses Buch ist ein bunter Querschnitt durch den Alltag in Haidakhan, den Reflexionen der Besucher, das Wirken Babajis sowohl im Ashram als auch auf Reisen. Es gibt die ganz persönlichen Erfahrungen und Erlebnisse der Autorin wieder, die, durch einen Traum gerufen, Babaji mehrmals in den Jahren 1979 bis 1984 besuchte und ihn auf einigen Reisen durch Indien begleitete.

Ein Buch, das das Herz anspricht.

Ich bin Du - BABAJI

Botschaften des Meisters vom Himalaya

Maria Gabriele Wosien (Hrsg.)
4. Auflage 1992, 118 Seiten, 11 Fotos, 11,5 x 18,5 cm,
ISBN 3-926388-23-4 DM 16,80

Ein authentischer Querschnitt durch die wichtigsten Reden, Lehren und Prophezeihungen Babajis, den viele Menschen als Avatar verehren, erweitert durch eine kurze Einführung in Leben und Werk dieses Meisters.
Während der vierzehn Jahre, die er hauptsächlich in seinem Ashram in Haidakhan verbrachte, reformierte Shri Babaji das "Sanatana Dharma", die ewige, unvergängliche Religion, führte vedische Feuerzeremonien ein und verbreitete das Mantra Om namah Shivay (Herr, Dein Wille geschehe).

Leben aus dem Sein

Ein Buch über Babaji

von Radhe Shyam
2. Auflage 1995, 368 Seiten, 14 Fotos,
15 x 21 cm, ISBN 3-926388-17-X DM 32,00

Das Leben und Wirken von Babaji, dem Meister vom Himalaja, ziehen sich als roter Faden durch dieses Buch. Die Umkehr als Weg: Diese Botschaft richtet sich an alle Menschen, denen die Heilung unserer Erde am Herzen liegt. Jeder Einzelne ist aufgerufen, seinen Beitrag zu leisten, damit der göttliche Plan - die harmonische Entfaltung der Schöpfung - seine Erfüllung finde. Für die entscheidende Aufgabe der kommenden Jahrzehnte weist die Gestalt und das Beispiel Babajis den Weg: Die Selbstfindung des Menschen ist Verwirklichung des Göttlichen in seiner Schöpfung.

Radhe Shyam, ehemaliger Rechtsanwalt, lebte nach seiner Pensionierung viele Jahre in Haidakhan und leitete den Ashram organisatorisch. Er hat mit diesem Buch in 8jähriger Arbeit ein umfassendes Standardwerk über Leben und Wirken Babajis geschaffen.

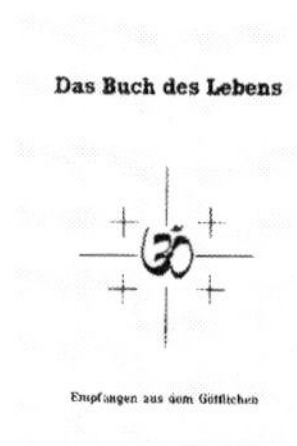

Das Buch des Lebens

v. Radha-Magdalena Bambeck
3. Auflage 1994, 120 S.,
Leineneinband mit Goldschnitt, Fadenheftung,
11 x 15,5 cm, ISBN 3-926388-13-7 DM 19,80

Dieses Buch ist empfangen aus dem Göttlichen. Es enthüllt dir sein Wesen nur, wenn du bereit bist, dein Inneres zu öffnen. Seine Essenz läßt sich nicht mit kritisch-analytischen Gedanken erfassen, aber einem geöffneten Herzen quellen die inneren Reichtümer dieses Buches entgegen.

Ein lesenswertes Buch, das nachdenklich stimmt für jeden, der den geistigen Weg beschreitet.

Babaji-Von Herz zu Herz

von Gertraud Reichel (Hrsg.)
1. Auflage 1991, ca. 230 Seiten, 15x21 cm,
ISBN 3-926388-20-X DM 24,80

Aus Amerika, Indien, Afrika und Europa berichten Menschen ihre tiefgreifenden oft sehr persönlichen Erlebnisse mit Babaji, dem Meister. Sie erfahren wundersame Wandlungen durch die Begegnung mit ihm, durch seine persönlichen Lehren, seine Einfachheit und Wahrheit und durch seine allgegenwärtige Liebe. Die anschaulichen Berichte stimmen nachdenklich und fordern uns auf, unsere eigene heutige Weltanschauung, die oftmals vom Materialismus geprägt worden ist, zu überdenken und zurückzukehren zum wahren menschlichen Sein, zur Menschlichkeit, zu seiner Lehre von Wahrheit, Einfachheit und Liebe.

Das Abenteuer einer Transformation

12 Jahre bei Babaji

von Gora Devi, 1. Auflage Dez. 1994, 216 Seiten,
zahlreiche Fotos, 14,5 x 21 cm, ISBN 3-926388-28-5 DM 32,--

Ein ungewöhnliches Frauenschicksal. Die Geschichte klingt so unglaublich, als sei sie der fiebrigen Fantasie entsprungen - und doch ist sie wahr, ist sie hier und heute mitten uns geschehen.

Dieses Buch enthält die intimen Erinnerungen einer in Gott Verliebten, es ist der Bericht einer erhabenen Liebe und Gora wurde sie geschenkt. Sie hat dieses Geschenk zwölf schwierige und fantastische Jahre in einem realistischen Märchen gelebt. Und sie schildert es in all seinen Gesichtern. Gora Devi (Valeria Bonazzola) promovierte in Philosophie, reiste 1972 nach Indien und war die erste italienische Schülerin Babajis und eine der ersten aus dem Westen, die ihm begegneten.

BABAJI spricht:

Prophezeiungen und Lehren

3. Aufl. 1995, 190 S., 6 Fotos, 11,5 x 18,5 cm
ISBN 3-926388-03-X DM 16,80

Dieses Buch enhält die Ansprachen Babajis an seine Schüler. Sie beinhalten Weisungen, Prophezeiungen und Lehren und richten sich nicht nur an einzelne Gruppen, sondern sind allgemeingültig für die gesamte Menschheit.

Shri Babaji sagte, daß der Menschheit am Ende des Kali Yugas, des "dunklen Zeitalters", des Überhandnehmens des Materialismus und des Zerfalls geistiger Werte, große Gefahren bevorstehen. Er prophezeite Zerstörungen in großem Ausmaß und Sterben von unzähligen Menschen für dieses Jahrzehnt; aber auch, daß alle diejenigen gerettet würden, die im Einklang mit dem kosmischen Gesetz lebten, die wahrhaftig Gott - in beliebiger Form - verehren und seine Namen preisen.

So ist es das Anliegen Shri Babajis, die Menschheit zurückzuführen zum Ursprung ihres wahren Seins: zur Menschlichkeit.

Babaji - Am Quell der Wahrheit

in Haidakhan Vishwa Mahadham

von Shdema Goodmann
2. Aufl. 1991, 144 Seiten, 7 Fotos,
11,5 x 18,5 cm, ISBN 3-926388-08-0 DM 16,80

Die Autorin, bekannt durch ihre psychotherapeutischen Workshops in den Vereinten Nationen (United Nations), schildert ihre Besuche bei Babaji mit großer Intensität und Offenheit. Sie macht keinen Hehl aus ihren anfänglichen Zweifeln und letztlich ihrer Dankbarkeit. Ihre innersten Erlebnisse, humorvoll dargestellt, berühren den Leser und lassen ihn teilhaben an ihren Erfahrungen.

"Das Licht, das Babaji umgab, wurde stärker und stärker, sein Körper schien beinahe durchsichtig zu sein, fast wie eine Silhouette. .. Licht strömte aus seiner Gestalt, und dieses Licht schien die Aktivitäten ringsum zu dirigieren... Es war, als ob Wasserfälle sich aus meinen Augen ergossen, während ich ständig wiederholte: "Bitte öffne mein Herz - mein Herz ist so verschlossen."... Jeder Blick auf Babaji und das Licht, das ihm umgab, führte meine Erfahrung in eine tiefere Schicht. Licht war um mich, göttliches Licht. Ich badete darin."

BABADSCHI

Botschaft vom Himalaya

von Maria-Gabriele Wosien, 5. Auflage 1995, mit zahlr. Abbildungen, erweitert um das Kapitel „Der Weise Vasishta", 135 S., 11,5 x 18,5 cm, ISBN 3-926388-00-5 DM 19,80

Wir befinden uns in einer Zeit des Umbruchs, an der Schwelle zu einem Neuen Zeitalter, wie viele glauben, oder am Abgrund, der endgültigen Vernichtung der menschlichen Rasse, wie andere fürchten. Tatsächlich kann nur noch ein radikaler Wandel des Bewußtseins das "Ruder herumwerfen" und das Raumschiff Erde einer sicheren Zukunft entgegensteuern. An solchen Wendepunkten der Geschichte wird dem Menschen aus anderen Seinsbereichen auch immer verstärkt Hilfe zuteil. Viele große Seelen inkarnieren sich, um den verirrten Menschen den Weg aus dem drohenden Chaos zu weisen.

Babadschi gilt als ein Avatar, d. i. eine Verkörperung des Göttlichen selbst - Avatare erscheinen selten, und immer nur dann, wenn nur noch das direkte Eingreifen des Göttlichen selbst den Lauf der Geschichte ändern kann. Babadschi gilt als die Inkarnation des Gottes Schiwa, des großen Zerstörers und Erneuerers. Yogananda spricht in seiner "Autobiographie eines Yogi" von ihm als dem großen Führer der Menschheit im Verborgenen. Welchen Weg werden die Menschen wählen?

Der Weg des Tänzers

Selbsterfahrung durch Bewegung

Bernhard Wosien

Maria Gabriele Wosien (Hrsg.), zahlr. Abb., 17 x 24 cm, 135 Seiten, ISBN 3-926388-29-3 DM 26,00

Thema dieses Buches ist der Tanz als Weg zur Ganzheit.

Bernhard Wosien, Künstler im umfassenden Sinn - Tänzer, Tanzpädagoge, Choreograph, Zeichner und Maler - vermittelt seine ganz persönlichen Erfahrungen und gibt einen Überblick über die Entwicklung des Tanzes: von den Mythen und Symbolen der Antike über das Exercice des klassischen Balletts hin zum höfischen Tanz und der europäischen Folklore. Die von ihm entwickelte *Meditation des Tanzes* (Sacred Dance) hat der religiösen Dimension dieser Kunst neue Impulse gegeben.

Erkenntnisse aus Atlantis

Wandlung durch neue Energiemuster
Kristall-Heilung

Dr. Frank Alper, zahlr. Abbildungen, 2. Aufl. 1993, 14,5 x 21 cm, 392 Seiten,, ISBN 3-926388-19-6 DM 36,00

Dieses Buch besteht aus einer Reihe spiritueller gechannelter Vorträge von Dr. Frank Alper. Es beschäftigt sich zum größten Teil mit der Anwendung von Kristallen, wie sie zur Zeit von Atlantis zum Heilen benutzt wurden. Es werden zahlreiche Legemuster für viele Krankheiten beschrieben, was eine wertvolle Ergänzung zu alternativen Heilmethoden ist. Ferner sind in diesem Buch die spirituellen, sozialen, moralischen und sexuellen Gewohnheiten der alten Atlanter beschrieben.

Dr. Frank Alper ist im Südwesten der USA ein bekannter und angesehener Lehrer für Metaphysik und spirituelles Wachstum. Die gechannelten Texte werden in Amerika in regelmäßigen Abständen herausgegeben und veröffentlicht. In den letzten Jahren ist der Autor auch in Deutschland durch seine Seminare bekannt geworden.

Neuerscheinungen Winter 1995 / Frühjahr 1996

Ein Kurs zum Selbst

in Wahrheit und Liebe von Babaji

Roger G. Lanphear, ca. 150 Seiten
14,5x21cm, ISBN 3-926388-35-8 DM 26,00

Dies ist ein Leitfaden zur Entwicklung deiner göttlichen Fähigkeiten durch Einswerdung mit deinem höchsten Selbst. Allumfassende Liebe, Glück, innere Zufriedenheit, Gesundheit, Wissen, alles ist in Dir. Der Kurs in Wahrheit und Liebe umfasst 24 Wochen und wird dir helfen, diese Fähigkeiten zu entwickeln. Ein Buch von unschätzbarem Wert.

Mein Freund aus der Unendlichkeit

Eine wahre Geschichte

Astrid Rodin, Pb. ca. 120 S.,
14,5x21cm, ISBN 3-926388-34-X DM 21,00

Eine kosmische Intelligenz aus dem Kontinuum unseres Alls, die sich mit dem Geist des Unendlichen verband und sich zu einem unsterblichen Wesen entwickelte, berichtet über das Leben im Universum, gibt Antwort auf spezifische Fragen, erklärt den Kontakt zur Autorin und schildert, wie hoch entwickelte Wesen leben und ihre Art erhalten. Ein faszinierendes Buch, das unglaubliche Perspektiven eröffnet.

Horusauge

Reinkarnationsroman

Eva Hauser, ca. 400 S.,
14,5x21cm, ISBN 3-926388-33-1 DM 36,00

Bel-Shalti-Nannar, Hohepriesterin in Ur, Tochter des lezten Chaldäischen Königs in Babylon, beschreitet einen gefahrvollen Weg zwischen Machtmißbrauch und Verantwortung für die ihr Anvertrauten. Es gelingt ihr, ein durch Handelsbeziehungen getarntes Machtgefüge weit über die Grenzen hinweg aufzubauen.
Ihre Kaufleute reisen bis nach Kush, dessen Gebiet sich vom ersten Katarakt des Nils bis nach Innerafrika erstreckt. Um den Pharao Kushs als Verbündeten zu gewinnen, wagt sie nicht nur den Inhalt ihres Schatzhauses als hohen Einsatz. Ihre 15jährige Adoptivtochter und Nachfolgerin Moira wird zum Spielball politischer und spiritueller Kräfte, deren Wirken Bel-Shalti-Nannar aus der Ferne zu lenken versucht.